李清照的诗词人生

王 晨 著

上海社会科学院出版社

目 录

第一章　却把青梅嗅 / 1

第二章　徒要教郎比并看 / 15

第三章　应是绿肥红瘦 / 29

第四章　正人间天上愁浓 / 43

第五章　谁人可继芳尘 / 53

第六章　天上星河转 / 65

第七章　人比黄花瘦 / 81

第八章　烟锁秦楼 / 95

第九章　晓梦随疏钟 / 115

第十章　南游尚觉吴江冷 / 129

第十一章　浓香吹尽有谁知 / 145

第十二章　人间天上 / 155

第十三章　我报路长嗟日暮 / 173

第十四章　直送凄凉到画屏 / 185

第十五章　风住尘香花已尽 / 211

李清照大事编年 / 235

参考文献 / 241

第一章
却把青梅嗅

我国古典文学领域最了不起的女性诗人李清照出生于北宋神宗皇帝时期的元丰七年(1084年)。当然,这里所说的"诗人"身份是广泛意义上的,李清照主要的文学成就其实在长短句,也就是"词"上。她甚至被公认为宋词中婉约派的代表人物,堪称词坛大家,以存世的一些名作看,她无愧为婉约词之宗师,执一时牛耳之方家。

李清照的出身当然是官宦之家。她的父亲李格非是神宗熙宁九年(1076年)的进士,从后来为馆职的履历来看,李格非应当也是进士高第,因为非名列前茅且有才望者,一般很难得馆职清贵之任。馆职通常是文臣的升迁快车道,不知多少侍从、宰执是从馆职走上了青云之路。

李格非前后凡二娶,第一位妻子是宰相王珪之长女。王珪本久次翰林,干了快二十年书写圣旨的两制大臣差遣,时人有所谓"典内外制十八年,最为久次"的说法。后来因为草王安石拜相大诏,得"带入"之东风,成了参知政事(副相),又因为听皇帝话,而在熙宁末成为宰相,一干就是八九年,人称"三旨相公",有所谓"取圣旨、领圣旨、已得圣旨"之讥。这位王珪的女儿正是李清照之生母。

因此，李清照的童年本该有个"宰相外公"。王珪的诗词文章虽然因堆砌辞藻而被人讽为"至宝丹"，但原本致仕后的王相公也许可以多少指点指点外孙女识字写字的蒙学。只是李清照两岁时，王珪便薨于首相任上。这一年，其父亲李格非任郓州教授，这可不是当代的大学教授，而是正儿八经的学官。北宋时仁宗、英宗两朝的教授一职资序确实较低，但到了神宗熙宁六年（1073年）三月以后，州府教授的职务可都是要由中书门下（政事堂）来选差的！也就是由宋朝最高权力机关来选任各州府军之学官，由此足见教授这一差遣在当时受到的重视程度。概括来说，李格非的郓州教授职务总领一州之学，并以经书、儒术训导州内诸学校生徒，又掌功课、考试等事，差不多相当于现在一个市的教育局局长。

只做了一年的郓州教授后，次年［哲宗元祐元年（1086年）］，李格非便被调回京师汴梁，担任隶属最高学府国子监的太学学官——太学录。此后五年左右，李格非始终在太学任职，可见当时的他为经术颇佳的儒学之臣。

元祐六年（1091年），李格非由太学博士迁"秘书省校对黄本书籍"，虽然官"秘书省正字"之下，但在当时也已经被视为准入馆职的门槛，如秦观即在此年七月由这一职务升迁为正字。仕途顺利之余，李格非还迎来了第二次婚姻。此番续弦是名臣王拱辰的孙女。王拱辰在仁宗朝曾高中状元，夺了同年欧阳修的风采，后来又历任御史中丞、三司使等显赫官职，虽然因为在范仲淹主导的庆历新政里担当了"反面角色"，对滕子京、苏舜钦都不免落井下石，但总算是一时风云人物，离执政也只有一步之遥。

有趣的是，从一封流传下来的书信里，我们可以知道这一时期苏轼和李格非的交谊。当然,实际上两人的相识和熟悉可能是从元祐二年(1087年)开始的,所谓"以文章受知于苏轼"。

总之,在元祐六年(1091年)的上半年,李格非曾病了一场。为此,苏轼写信给他,即《与文叔先辈二首》之二:

> 某启:闻公数日不安,既为忧悬,又恐甲嫂见骂,牵率冲冒之过,闻已渐安,不胜喜慰。得之亦安矣。大黄丸方录去,可常服也。惠示子鹅,感服厚意,惭悚不已。入夜,草草,不宣。

文叔是李格非之子,至于称"先辈"当然并不是李格非乃官场或科举上的前辈,不过是当时文人之间互相推敬的谦辞,犹今人互道"苏兄""李兄",而不论年齿大小。论官位,苏轼此时期乃是高高在上的正三品翰林学士承旨,即所谓翰长,可算是首席翰林学士,学士院只设一位而已,李格非则只是从八品罢了;论科场上的辈分,苏轼是嘉祐二年(1057年)登科,早了李格非差不多二十年。但苏轼喜好提携奖掖后辈,对欣赏之人又不讲官位尊卑等世俗礼法,因而便与李格非亲近起来。他甚至说很想来探望病中的李格非,但又恐怕打扰其休养而遭大嫂骂声——苏轼实在是可爱而率真。遗憾的是,这时候李清照才八岁,作为一代文宗的苏东坡自然还不可能发现,李格非家中有一个闺中天才,也和自己一样被文学之神所垂青。

李清照十岁这年,垂帘听政的高太皇太后驾崩,哲宗赵煦终于能够亲政,他立刻将自己不甚喜欢的半个帝师苏轼赶去了河北定州。第二年,改元绍圣,先后罢免首相吕大防、次相范纯仁。四月,召还章惇,拜为首相。整个朝野的政治生态都发生了巨大变化,哲宗要重新变法,旧党当政的元祐更化自然需推翻,新旧党争又要掀起新的血雨腥风了。

章惇为相后,下令对元祐更化时期的臣僚章疏进行编类、审查,并专门设局办理此事,实际就是为了区分臣僚的"新旧"成分,政见上属于旧党的要打击贬黜,属于新党的要起复或日后提拔……

当此绍圣绍述,可谓风声鹤唳的时候,几乎人人唯恐得罪首相章惇。然而,李格非却特立独行。他本已被召为编类章疏局检讨,想来如果甘当翻查旧党罪证的"爪牙",以后的破格升迁将是可以预期的。可李格非却拒绝了此次的职务调动,因而很快就被补外,去往广信军任通判。

在宋代,理论上府州军监是同级的地方建制,但实际上府的重要性较高,州则次一等,而军监又次之,其规模一般也较小。通判是州府军监的佐贰,所以李格非的广信军通判近似于今日县级市的副市长。

同年,苏轼兄弟、黄庭坚、秦观等人遭到大面积的严厉贬黜责降,不少人都到了五岭以南,这在宋代已经是对文臣的重罚了。

大约由于李格非官位低微,从游于苏轼的时日还很短,当时并不把他算作苏轼一党。到了第二年,即绍圣二年(1095年),李格非从广信军又被召回东京开封,担任秘书省校书郎,这甚至是一个馆职清贵差遣。

此后,李格非的仕途亦较为顺遂。绍圣三年(1096年),他升迁为正七品秘书省著作郎,已参与开修时政记、起居注、日历等国史编撰工作;次年再迁礼部员外郎。

李清照正是在这种官宦家庭中成长起来的,其最初的启蒙很可能来自继母王氏,也就是王拱辰的孙女。

对于她童年到青春期的经历,我们实在无从知晓。宋人王灼在《碧鸡漫志》中称李清照"自少年便有诗名"。按古代女子十五而及笄,即十五岁便被视为成年和可以婚嫁了。姑且可认为,在十五岁前,李清照应该已经能创作诗词了,这在其他大名鼎鼎的男性诗人少年时期实属常见,而撇开古人对男女的偏见,完全有理由相信王灼有关李清照的这一说法。

不过,对于李清照早年诗词的编年,当然是极其困难,甚至是完全无法确定的。

目前有一诗一词,可能为李清照少年时期所作。

一者是《春残》:

春残何事苦思乡,病里梳头发最长。
梁燕语多终日在,蔷薇风细一帘香。

李清照大致是从九岁随父亲李格非居于东京的,假如这首诗确实是少年时所作,那么其乡愁应该指的是济南章丘。清人陆昶谓"'蔷薇风细一帘香'甚工致,却是词语也"。这一评价不无道理,因此另有看法以为这首绝句或是她南渡以后所作,但观其笔力,不当是中年以后易安居士的水准,且以为少年时习作为宜吧。

另一首则是有所争议的词,即《点绛唇》:

蹴罢秋千,起来慵整纤纤手。露浓花瘦,薄汗轻衣透。
见客入来,袜刬金钗溜。和羞走,倚门回首,却把青梅嗅。

第一章 却把青梅嗅

颇有以为李清照为大家闺秀,不当有此轻佻如雏妓之态。但这种解读存在一个很大的问题,即假设了李清照的所有诗词都是以自己为叙述对象。事实上,在我国的古典诗词传统中,以自身之外的"他者"作为叙述对象是极其常见的,如各种男性诗人写的宫怨之诗、闺情之词、以女性为视角的送别诗等。

为何李清照就不能用这一常见的诗词手法,写他人之态呢?又或者,李清照虽然写的是自己,但这一切并非真实之经历,亦只是她在文学上的一种想象,又有何不可?

美丽的女子在寝卧这类私密的地方以外,只穿着袜子的形象,当然会被古人认为是香艳、轻浮的。如五代时南唐后主李煜的《菩萨蛮》谓"花明月暗笼轻雾,今宵好向郎边去。刬袜步香阶,手提金缕鞋。画堂南畔见,一向偎人颤。奴为出来难,教君恣意怜。"其中包含着幽会、偷情的紧张,口语般的撒娇语气,提着鞋子而只穿袜子防备人听见的刺激感……女子的脚在古代是被视为具备相当性意味的一个隐私部位,因此诗人词家在描摹这种"袜刬"或"刬袜"意象的时候,往往确实指向的是艳情的旖旎风月。

因此,假如把这首词视为李清照少年时"拟古"的习作,即一首模仿晚唐五代"花间词"之类的作品,也是完全可以理解的。甚至,假如仅作为豆蔻少女尚带一丝顽皮的形象来看,在家中院子里玩耍秋千(秋千在宋代已是常见的事物),玩得汗湿衣透,因拜访父亲的宾客到来,而匆忙跑回闺房,却还好奇地想看看来访者——这不正是孩子的常见情态吗?

李清照的父亲李格非在元祐四年(1089年),即李清照六岁时,便已在京师置业,所居按照晁补之的《有竹堂记》所述为"治其南轩地,植竹砌傍",是以有竹林小院甚明,从空间上来说,为爱女弄一副秋千架也是完全有可能的了。

且细细思量"却把青梅嗅"的意象,仿佛是春神隐秘的触须潜藏着文学的种子,就这样与少女的李清照相遇了。这是一种神秘的开始,注定了李清照要站上宋词的鳌头,与苏轼、辛弃疾这些名字并相争辉。

大约在十五六七的年纪,李清照还有几首词很值得注意。

一是《鹧鸪天·桂》:

> 暗淡轻黄体性柔。情疏迹远只香留。何须浅碧深红色,自是花中第一流。
>
> 梅定妒,菊应羞。画阑开处冠中秋。骚人可煞无情思,何事当年不见收。

这首词与同时期的《渔家傲》可作类比:

> 雪里已知春信至。寒梅点缀琼枝腻。香脸半开娇旖旎。当庭际。玉人浴出新妆洗。
>
> 造化可能偏有意。故教明月玲珑地。共赏金尊沉绿蚁。莫辞醉。此花不与群花比。

在两首词里,少年李清照以桂花、梅花自比的这种意象十分明显。但她并没有去摹写教人惜花、花开花谢等常见的咏花情态,而是别出机杼,谓"自是花中第一流""此花不与群花比",极写其自身以才气自傲、自得之意。李清照这种以花自况的表达手法在她一生的词作中屡屡出现，易安居士便如这浊世间的花中君，她要决定自己的绽放与盛开，完成文学之神对她的交代，在此之前，她决不能凋零。而此时，她才刚刚开始自己踏上攀登诗词峰顶，共天人交流的道路。

假如以为这种推测过于武断，以为少年的李清照作为女子不可能如此自矜甚至"狂傲"，实则是不谙诗人的特质罢了。李白的自傲已为众人所熟悉，而如杜甫亦言"往昔十四五，出游翰墨场。斯文崔魏徒，以我似班扬。七龄思即壮，开口咏凤凰。九龄书大字，有作成一囊"。杜工部说自己七岁就能出口成章，九岁便可挥毫如龙，到了十四五岁间，人们已经以班固、扬雄这样的两汉大家来期许他了！

为何李清照就不能有这种诗人的自傲呢？

此时期还有一首《浣溪沙》：

莫许杯深琥珀浓，未成沉醉意先融。疏钟已应晚来风。
瑞脑香消魂梦断，辟寒金小髻鬟松。醒时空对烛花红。

"疏钟已应晚来风"一句颇值得玩味。就"疏钟"之意象而言，唐人中王维颇好用之。如"唯有白云外，疏钟闻夜猿""寒灯坐高馆，秋雨闻疏钟""谷口疏钟动，渔樵稍欲稀"，几乎都是用在山水林泉的意象之上，后来的诗人亦多沿袭这一传统，如"暮林带斜日，隐隐闻疏钟""石霜烟月寒无寐，坐听疏钟出二林"。还有更多对"疏钟"的用法，是在寻访佛寺古刹的诗词中出现的，如"忽听疏钟知寺近，笑寻沙路上牛头""故人埋玉僧归塔，独听疏钟起暮愁""荒寺疏钟解客鞍，由山东畔白烟寒"……

可见诗人词家在使用"疏钟"的意象时,多是与出离尘世的情绪、景致有关。而少年的李清照大胆用在闺情词中,以出世间的疏钟梵呗声,衬托无端闺怨如晚风而至,"醒时空对烛花红"的结语也就显得尤为妙绝了。疏钟虽远,而警醒人"痴爱"之不可恃;红尘虽近,却如烛花似真似幻。

在李清照十七岁这年,北宋王朝到了一个重要的拐点。

年仅二十四岁的哲宗赵煦驾崩。绍圣绍述的脚步实质上戛然而止,独相章惇内外的文治武功也当然到了尽头,因为没有留下男性子嗣继承皇位,兄终弟及哲宗的弟弟端王赵佶继位,这也就是《水浒传》里的那位宋徽宗了。从这一刻起,北宋竟开始了它的倒计时。

这是元符三年(1100年)。

李清照甚至已经可以写咏史的七古了。如《浯溪中兴颂诗和张文潜二首》。

其一:

　　五十年功如电扫,华清花柳咸阳草。五坊供奉斗鸡儿,酒肉堆中不知老。

　　胡兵忽自天上来,逆胡亦是奸雄才。勤政楼前走胡马,珠翠踏尽香尘埃。

　　何为出战辄披靡,传置荔枝多马死。尧功舜德本如天,安用区区纪文字。

　　著碑铭德真陋哉,乃令神鬼磨山崖。子仪光弼不自猜,天心悔祸人心开。

　　夏商有鉴当深戒,简策汗青今具在。君不见当时张说最多机,虽生已被姚崇卖。

其二:

君不见惊人废兴传天宝,中兴碑上今生草。不知负国有奸雄,但说成功尊国老。谁令妃子天上来,虢秦韩国皆天才。花桑羯鼓玉方响,春风不敢生尘埃。姓名谁复知安史,健儿猛将安眠死。去天尺五抱瓮峰,峰头凿出开元字。时移势去真可哀,奸人心丑深如崖。西蜀万里尚能反,南内一闭何时开。可怜孝德如天大,反使将军称好在。呜呼,奴辈乃不能道辅国用事张后尊,乃能念春荠长安作斤卖。

张文潜即苏门四学士之一的张耒,李格非与其颇有交谊。但《浯溪中兴颂》这首诗,宋时已有人怀疑并非张耒所写,而是苏门四学士中的另一个人,即秦观之手笔。张耒一生不曾去过浯溪,所以宋人所说的于永州浯溪崖下题诗者为秦观,应为可信。盖元符元年(1098年)作《浯溪中兴颂》时,秦观正值绍圣旧党被贬,恐怕如人所言,因心怀惴惴而托名张耒。

这类咏史或借古讽今甚至直接讽喻时政的七古,李白是非常擅长的,如《北风行》《答王十二寒夜独酌有怀》等。青莲居士以其汪洋恣肆、天马行空的笔触描摹了安禄山在幽燕之地的崛起、叙述了李林甫大肆诛戮异己的专权……但李清照只有十七岁的年纪,竟已能饱读经史,且下笔如有神,一至于斯。

特别值得注意的是,李清照所和的原诗,即旧题为张耒所作的

《读中兴颂碑诗》中,对于平定安史之乱后唐肃宗的所谓"中兴功德碑",其态度是"天遣二子传将来,高山十丈磨苍崖。谁持此碑入我室?使我一见昏眸开",似是颇为肯定的态度。但李清照却谓"尧功舜德本如天,安用区区纪文字。著碑铭德真陋哉,乃令神鬼磨山崖"。就是说,李清照对唐肃宗这种"好大喜功",标榜自己帝王功业的行为非常反感,在她看来,唐肃宗全不值得称道,平定安史之乱主要依靠的是郭子仪和李光弼以及唐朝气数未尽,人心也尚在李唐,以李唐为正朔,即其诗中所谓"子仪光弼不自猜,天心悔祸人心开"。这种对历史的认识就跳出了传统儒家喜欢吹捧、歌颂君王的窠臼,全无陈词滥调的味道。

如果再看有关盛唐崩塌的原因,题为张耒所作之诗谓"玉环妖血无人扫",竟将王朝的兴衰系于杨贵妃一女子之身!而李清照虽然在和诗的第二首中也说"谁令妃子天上来,虢秦韩国皆天才",指出了杨氏姐妹(虢国夫人、秦国夫人、韩国夫人皆杨贵妃之姊)受宠是玄宗李隆基更加怠政享乐的因素之一,但她在和诗的第一首中更说"五坊供奉斗鸡儿,酒肉堆中不知老。胡兵忽自天上来,逆胡亦是奸雄才"。五坊供奉指当时为皇帝饲养猎鹰、猎犬之类,专供田猎玩乐之用的飞禽走兽的官吏,有所谓雕坊、鹘坊、鹞坊、鹰坊、狗坊之"衙署",甚至配备了正六品上的两名侍御尚医。这两句诗就显出了李清照非凡的见识。她点出了玄宗皇帝自身的荒淫问题,加之,她也从客观上肯定了安禄山、史思明确为一时之枭雄,可谓从内外两个角度回答了盛唐梦碎的原因,这就比"玉环妖血"的说法深刻了很多。

在第二首和诗里,李清照更是进一步抨击唐肃宗李亨对父亲玄宗的冷酷,以及宦官李辅国的跋扈用事,即"西蜀万里尚能反,南内一闭何时开。可怜孝德如天大,反使将军称好在"。想"渔阳鼙鼓动地来",安禄山、史思明反,玄宗仓皇辞庙,西狩川蜀后方之地,然而尚能回到长安,可随后发生的事情又如何呢?

原来,玄宗皇帝李隆基在西蜀时,太子李亨(即肃宗)的登极称帝是自导自演的,并不是得自玄宗的传位旨意。回到长安后,起初太上皇李隆基仍居住在兴庆宫,也就是所谓"南内"。玄宗朝的长安皇城有大内、西内、南内之分。兴庆宫本即玄宗喜爱的旧宫殿,在大内以南,因此叫南内。据说一次久雨初晴后,太上皇李隆基登上勤政楼,皇城外的长安百姓围观者摩肩接踵,喜不自胜地高呼:"今日得再见我太平天子!"随即便是百姓们传呼万岁的声浪。此后,宦官李辅国便将李隆基骗到西内,并宣称兴庆宫地势低湿不便,请太上皇迁居大内。为了威逼恐吓玄宗,李辅国甚至令自己带来的五百骑拔出刀剑兵刃,形同兵变逼宫。这一切让上了年纪的李隆基几乎受惊坠马。高力士乃高声斥责李辅国无礼,叱令其下马向太上皇行礼,又向李辅国身后五百骑喝道:"诸将士各好在!"

"好在"为当时口语,近似今人方言所谓"好生"、"好叫",即叫人正经一些、小心一些、得体一些之类。高力士的话语当然是针对五百骑得了李辅国之密令而"露刃遮道",不让太上皇再返回南内而言的。将校见状,也只得各收兵刃,下马再拜行礼,呼万岁。待李辅国与五百骑退,李隆基老泪纵横地对高力士说:"若无将军,今日已为兵死之鬼矣!"

透过李隆基天宝年间宠信李林甫、杨玉环的表象,看到天宝十四载安史之乱背后的一些原因,同时对所谓"中兴大唐"的肃宗李亨有比较清楚的认识,这都是年仅十七岁的李清照才识过人的表现。

宋人周煇谓,《浯溪中兴颂碑》自唐以来,题咏作诗的人很多,但李清照却能"以妇人而厕众作,非深有思致者能之乎?"

虽然周煇的褒奖带着一种那个时代男尊女卑视角所造成的高高在上之感,但他对李清照的才气之肯定,仍是溢于言表、毫无疑问的。

明人陈宏绪以为李清照之词,在温庭筠与花间词之上,甚至可说在古文、诗歌、小词三个领域里均卓有建树,这样的全能之才,即便是秦观、黄庭坚也未必如此。因而陈宏绪称李清照为"古今才妇第一"。

当然,也有一些略负面的声音。如清人王士祯直接评价李清照这两首七古,谓"右二诗未为佳作,然出妇人手,亦不易"。诚然,《浯溪中兴颂诗和张文潜二首》确有稍嫌稚嫩之处,若说要与李杜的七古、排律或是元白的歌行相比,当然存在很多欠缺,可是考虑到这大约是李清照十七岁时候的习作,又怎能求全苛责呢?何况,李清照的文学才情,和男性词人比,也完全是可谓不落下风的。

在一千年前,作为一个女子之出生,原本想来即便是李格非也不会对李清照有任何文学上"过高"的期许,以为女子能粗识得些诗书也就足够了——这种司马光一类的观点大约是当时不少人的想法。

可李清照却偏要说"不"。

她溯游从之,逆流而上。

熙宁、元丰和元祐、绍圣的大时代都已过去,北宋的晚钟稀疏之声也已在元符三年(1100年)偷偷地敲响。东京汴梁——这座百年人杰地灵之气才造就的辉煌大城,它举世无双的繁华营造,竟也随着天水赵家的命运进入了谢幕的前奏。

苏轼在这一年终于因徽宗皇帝的登极恩赦而北移廉州,可他在途中与学生和友人秦观的会面竟成了永别。这年八月,秦观在藤州去世。

而十七岁的李清照正要登上汉字、韵律甚至是音乐汇成的天梯,去往文学的仙宫,以诗人词家的身份开始大放异彩。

最是难忘,少年的李清照倚门回首,却把青梅嗅的身姿。

这是风云际会的相遇,她已确信了春神的触碰背后,乃是文曲星君隐秘的馈赠。

那朵青梅与芬芳,岂是庸俗浮薄的艳情意味?

是李清照抓住了命运的帷幔,看到了彼岸的自己。

那是"诗家三昧忽见前,天机云锦用在我"的顿悟之刻。

第二章
徒要教郎比并看

元符三年(1100年)一过完,新皇帝徽宗赵佶便改元建中靖国,这便是建中靖国元年(1101年)了。这大约也是和短暂垂帘的向太后商量之后定下的"国是"。向太后是宋神宗的皇后,而徽宗以及驾崩了的哲宗,他们兄弟俩共同的父亲正是神宗赵顼。神宗锐意变法的熙宁、元丰时期,其祖母曹太皇太后、母亲高太后也都是变法的反对者。无独有偶,向太后亦反对新法,其政治立场基本倾向于旧党。因此,经历了哲宗赵煦亲政以后"残酷打压"元祐旧党的所谓"绍圣绍述"之继续变法后,向太后显然想要让天下安宁下来、稳定下来,于是便要调停新旧之争。

正是在这种背景下,徽宗改元"建中靖国",确乎是顾名思义。

正月里,向太后便离开了人世。一方面,旧党的韩忠彦和新党的曾布共同为相,而另一方面,去年九月被罢相,外知越州的章惇这位曾经不可一世的独相遭到重贬,轮到他去岭南,当一个小小的雷州司户参军了。

章惇的罢相和远窜岭外,在当时许多人看来当然是咎由自取。忌恨他的人很多,更重要的是在哲宗驾崩后,章惇反对立端王为嗣君,甚至据称说出了所谓"端王轻佻,不可以君天下"的致命话语。在端王赵佶成功登上皇位的那一刻,世人皆知,章相公的政治生命算是死了。这本是必然而极其正常的一件事,加之改元"建中靖国",百官无论新旧和在朝、在野,大约都松了一口气。可谁能想到,徽宗对章惇的打击报复不是一个政治倾轧的结束,而是此后一连串政治恐怖的开始。

这对李格非来说,定然是尤其没有想到的。因为在绍圣时期,李格非并没有被视作旧党或苏门紧要人物而遭到重贬,如今又已是"建中靖国",朝廷要调和新旧、务为安静的政治信号已经极其明显。怎么看都是太平无事的光景,李格非没有理由认为自己的仕途或生活会遇到什么大风浪和危险灾祸。

这一年亭亭玉立的李清照十八岁,她嫁给了同样是官宦之家出身的翩翩佳公子赵明诚。

赵明诚的家世背景远比李格非一家显赫。赵明诚的父亲叫赵挺之,虽然赵挺之与苏轼不对付,但在元祐初副相张璪以及旧党杜纯的举荐下,仍是很顺利地在元祐元年(1086年)十二月便得授集贤校理的馆职,这差不多比李格非以秘书省校书郎为馆职早了快十年。在馆职仅半年不到,次年四月,赵挺之便一度"权发遣河东提刑",这可是主管一路刑狱的宪臣梟使差遣,是路级监司大员;又两月,即六月便入御史台,成为监察御史。馆职、御史都是文臣升迁的快车道,宋人称之为"美官",而赵挺之迁御史,应当主要是受到了旧党宰执尚书左丞刘挚和侍御史杜纯的提携。

赵挺之实际上是一个政治上的骑墙派,这样的作风原本多半是取死之道,尤其在党争激烈的熙丰、元祐时期。他在熙宁时对于推行新法也是"攘臂争先",急于表现的,原本在司马光门下头号重臣朔党领袖刘挚那里会是判了死刑的。可赵挺之大约因为曾"从程颐学",在洛党、朔党合流的趋势里,或许既博得了刘挚等人一定程度的"好感""信任",又被刘挚物色为"鹰犬"。赵挺之成为御史不久后即猛烈弹劾苏轼、黄庭坚、王巩,其主要矛头自然是指向刘挚、程颐的政敌苏轼。赵挺之甘当刘挚之爪牙,主动在旧党内部(洛蜀朔党争,一般认为苏轼是蜀党领袖、刘挚是朔党、程颐是洛党)之争中掀起风浪,由此已可见其仕宦性格。这导致苏轼极其厌恶赵挺之,甚至称赵挺之的险恶残毒超过了乌台诗案时候迫害他的李定、舒亶、何正臣。

赵挺之本身是邢恕之妻兄,后者又与当时的新党首相蔡确倡言,在哲宗继位一事上有"定策之功",在元祐四年(1089年)所谓的蔡确谤讪高太皇太后的"车盖亭诗案"中,邢恕也被卷入。大概因这一层亲戚关系,赵挺之不便参与台谏对蔡确、邢恕的弹劾,故而短暂补外,通判徐州。此后不久,他重新被召回东京,直到元祐八年(1093年),显然因与苏轼兄弟过往的矛盾,副相苏辙找机会把赵挺之赶出京城,调任京东漕贰。但运气站在赵挺之这一边,垂帘的高太皇太后在此年九月驾崩,哲宗亲政后继续变法,赵挺之进入了高升的快车道。他依附于当时新党的另一重要首领执政曾布,历任吏部侍郎、中书舍人、给事中以及兼任经筵侍读等近要职务。

当哲宗驾崩、徽宗篡承之后,宰相曾布又在向太后国葬期间,将新皇帝赵佶准备推翻所谓的"调停新旧",而继续父兄新政变法的秘密告诉了赵挺之。曾布令赵挺之"建议绍述,以合上意",即主动上奏请继承神宗、哲宗变法之政,迎合天子。

因此在向太后驾崩的建中靖国元年(1101年),赵挺之找到了直接成为"官家亲信"的一条捷径。

且说回李清照与赵明诚的婚事。

按说李格非被时人称为苏门"后四学士"之一,他与晁补之、张耒等苏门四学士也十分交好,而赵挺之则与苏轼、黄庭坚等有新仇旧怨、势同水火,两家的姻亲关系是如何可能的呢?

综合来看,原因大约至少有三点。

一是曾在同一衙署中为上下级关系的同僚。赵挺之虽在元祐四年(1089年)因不论蔡确、邢恕等大罪而通判徐州,但一年后便直接晋升为楚州知州,在知州任上又仅过一年,便被召回京师,即元祐六年(1091年)六月时,他又以集贤校理的馆职任正六品国子监司业。国子司业是国子监的副贰长官,仅次于国子祭酒,当时李格非在国子监下属的太学任博士,自然是赵挺之的下属。两人的交谊在这一时期很可能有了比较长足的发展。

此外,赵挺之与李格非还曾在礼部为同僚。绍圣四年(1097年),李格非任礼部员外郎,同年十月,赵挺之短暂任职过"权礼部侍郎",到元符三年(1100年),赵挺之正式担任礼部副贰,即礼部侍郎,再次与李格非成为上下级关系的同僚。两度为同僚应当是他们私交靠近的原因之一。

二是粗略可算同乡的"乡党之谊"。李格非是山东济南章丘人,赵挺之是山东密州诸城人,两地离得不远。官场上一者同年、二者同乡、三者"同官",有时候甚至要攀扯"同齿",这是当时官员们互相拉帮结派、经营人脉的客观需要。因此,赵挺之和李格非作为国子监系统的同僚、京东东路(山东)的同乡,关系走近也就有了很大的可能。

第三点也许是最主要的原因,即赵挺之左右押宝,在新旧之间骑墙观望的政治投机。李格非虽然官位不高,在李清照与赵明诚结婚的时候也只是正七品的礼部员外郎,但考察李清照婚姻前后的政治风向,便能很容易看出端倪。这桩婚事是在建中靖国元年(1101年)"成礼"的,但很可能是从前一年[元符三年(1100年)]开始就有了联姻的意愿,因为两家应当必须根据"纳采、纳征、亲迎"等婚姻六礼,商讨具体细节。

而元符三年(1100年)正是哲宗崩于正月,徽宗继位、向太后垂帘、国是再变的时节。当时旧党魁首之一韩琦的长子韩忠彦于二月晋门下侍郎,成为副相执政,四月即拜右仆射成为右相,且下诏重新起用(叙复)元祐臣僚,到九月,章惇罢相……在向太后主导下,要重拾元祐之政的态势已经完全明朗化。当此之时,赵挺之当然担心自己会因为绍圣时的表现而失去前途。而李格非虽仕宦不显,但按照后来李清照自己的说法,所谓"父祖皆出韩公门下"——这样看来,李格非和他的父亲应当都曾受知于三朝元老,即前宰相魏公韩琦。赵挺之想必便是想通过与李格非建立儿女亲家的关系,打通自己和右相韩忠彦的联系,从而向重新当政的旧党团体示好,谋求政治上的出路。另外,李格非与苏轼及苏门诸人关系较好,当时甚至有所谓苏轼将拜相的传言,赵挺之未免也存了借此和"苏轼一党"缓和关系的心思。赵挺之左右逢源的骑墙术导致他被当时的其他官僚讥为"移乡福建子"——福建子本指背叛王安石的吕惠卿,时人以为赵挺之先后依附过章惇、蔡京、蔡卞、曾布,而章、蔡为福建人,曾布为江西人,所以叫"移乡"。

这一切当然都是在向太后还活着时,当时赵挺之不可能知道赞同旧党和元祐之政的向太后会在第二年正月就薨逝。对李格非来说,要拒绝老上司和同乡的靠近,乃至或许是赵挺之为儿子的"提亲",都是不太合乎当时的官场人情的。同时李格非虽称"苏门后四学士",其实远不是苏门核心人物,甚至因为此前长期在太学,官职较低,也掺和不到元祐、绍圣的政争中。因此李格非大约并没有因为和苏轼、晁补之、张耒等人的交情而对赵挺之很反感,他显然同意了这桩子女的婚事。

甚至,李清照、赵明诚二人能成婚,很可能还有第四点原因,即李格非自身的一些疑问。仔细察看李格非仕宦中的蛛丝马迹,乃至与苏轼、黄庭坚的一些交往细节,似乎能得出一个结论:李格非虽不似赵挺之"骑墙有术",但也是一个游离在"新旧"之间,并无确切新旧政见的人物,且他与苏轼的关系至迟在绍圣时期已经非常疏远。

首先来看元祐八年(1093年)正月时,新党的前宰相蔡确病死于贬谪所在的新州。官场有云"春、循、梅、新,与死为邻",指的是五岭以南那些远恶的蛮荒烟瘴之军州,官员被贬到那里就是钝刀子杀人的慢性死刑。高氏之崩尚在九月,方元祐更化的政治环境中,李格非竟为蔡确写了挽诗,谓"邴吉勋劳犹未报,卫公精爽仅能归"。从蔡确的"车盖亭诗案"和高太皇太后对其憎恨厌恶之深来说,这两句诗是非常危险的。因为显然,李格非将蔡确比作了汉朝的丞相邴吉和唐朝的卫公李靖。邴吉曾因建议迎立宣帝而有"定策之勋",然而蔡确不也正是和邢恕一起曾倡言,在哲宗即位一事上有"定策大功"吗?问题是这反而成了蔡确、邢恕的一桩大罪,已被当时的元祐朝廷盖棺论定,不容置疑。但李格非却说"邴吉勋劳犹未报",言下之意是朝廷待相公蔡确大为不公,其功勋非但没有得到报称,反而重贬岭南!对蔡确的贬死,李格非充满了同情,故云"卫公精爽仅能归"。李靖晚年因被高甑生诬告谋反,以及长子卷入太子李承乾的"谋逆"大案,终日惴惴不安,最后大约因此忧悸而亡。是以李格非说蔡确如李靖一般,最终只能求个"入土为安"了。难怪南宋刘克庄要因此猜测,是否最初李格非曾受蔡确提携?那么,赵挺之因妹夫邢恕而不弹劾蔡确,在李格非处,当然不会有所龃龉和看法了。

同样值得注意的是,绍圣时期苏轼贬居惠州时的一封书信。在这封东坡写给友人孙志康(孙鳃)的信里提道:

> 李文叔书已领,诸儿子为学颇长,迨自宜兴寄诗文来,甚可观。此等辱雅游最旧,故辄以奉闻,然不敢令拜状,无益,徒烦报答也。会见无期,千万节哀自重。

李文叔即李格非。从信中看来,大约在此时期,孙鳃会代为接收和转交一些友人写给苏轼的信笺,这多半是因为绍圣时期的政治高压下,不得已的一种安排。当时孙鳃的父亲孙立节逝世,因此苏轼才说"节哀"。信中真正信息丰富之处在于,苏轼虽告诉孙鳃,李格非来信已经收到,但自己不准备回信,因为实在也无所益处,徒增麻烦。两句话中间还夹杂着几句苏轼谈论自己儿子诗文的话语,大约苏迨从宜兴也是寄给孙鳃,由其转寄。

可苏轼的话却是言不由衷的。在惠州时,他明明仍和黄庭坚、张耒、钱世雄、陈师锡、林天和等人有较多的书信往来,为何对于李格非的来信却说"不敢令拜状,无益,徒烦报答"?恐怕正和李格非在绍圣时期仕宦较为顺利的背后原因有关。绍圣时期章惇独相,李格非先应不肯入编类章疏局而出为广信军通判,但次年即被召回京师并被任以清贵的馆职——这一切若无章惇首肯,似不可能。加上李格非应当已与赵挺之关系靠近,苏轼当然就对他"敬而远之",不复从前的"先辈"

之谊了。

也就是说,在李格非看来,他不太可能因为与苏轼过往的交谊而拒绝女儿李清照和赵挺之儿子的婚事。

现在终于该轮到新郎官赵明诚出场了。

元符二年(1099年)时,赵家的亲戚谢氏族人谢逸有一首诗描绘了赵明诚的风采,其中云:"茂陵少年白面郎,手携五弦望八荒。……向来问字识扬子,年未二十如老苍。"虽然难免有吹捧过誉之嫌,但想来赵明诚俊朗而博学多才,应当是不会有大问题的,当时他十九岁,尚未弱冠,还可以说是少年才俊。

关于二人的婚事,有一个最具传统审美和文化特色的故事:

> 赵明诚幼时,其父将为择妇。明诚昼寝,梦诵一书,觉来惟忆三句云:"言与司合,安上已脱,芝芙草拔",以告其父。其父为解曰:"汝待得能文词妇也。'言与司合'是'词'字,'安上已脱'是'女'字,'芝芙草拔'是'之夫'二字,非谓汝为'词女之夫'乎?"后李翁以女女之,即易安也,果有文章。

按照这个传说,两人的缘分竟然是从赵明诚的一个"白日梦"里来的。他醒来已全然不记得梦中之事,唯独记得三句话"言与司合,安上已脱,芝芙草拔"。大感不解下,他便去询问自己的父亲,赵挺之乃为其解梦,说这三句话其实是个字谜,合起来就是"词、女、之夫"。后来果然应在李清照身上。如此一来,这份美好的姻缘乃是上天所注定?

但这几乎可以肯定是后人的附会。这一故事出自元朝人伊世珍的《琅嬛记》,而所谓"琅嬛"者,本即传说中天帝藏书之所,那么这一故事的"无稽之谈"的性质也就不言自明了。

结婚这年,赵挺之二十一岁,至于二人具体结婚的时间,在此年[建中靖国元年(1101年)]春天的可能性很大,即一月到三月间,甚至可能是正月之中。

李清照在《金石录后序》中说:

> 余建中辛巳,始归赵氏。时先君作礼部员外郎,丞相时作吏部侍郎。侯年二十一,在太学作学生。

按赵挺之上一年还是礼部侍郎,为御史中丞似在建中靖国元年(1101年)正月,其后未明确记载他何时为吏部侍郎,可能是礼部侍郎迁吏部侍郎兼御史中丞。

新婚燕尔时,夫妇二人确乎是伉俪相得。大约正是在此年春,李清照填了一首《减字木兰花》:

> 卖花担上。买得一枝春欲放。泪染轻匀。犹带彤霞晓露痕。
> 怕郎猜道。奴面不如花面好。云鬓斜簪。徒要教郎比并看。

欧阳修在《六一诗话》中有云:"卖花担上看桃李,拍酒楼头听管弦。"醉翁本来的语境是说京师百官公务繁忙,常常无暇踏青赏春,只能在街衢的卖花担上过过眼瘾。而尚沉浸在新婚喜悦中的李清照显然不会这样想。宋人有簪花的习俗,这时节东京城内外万花烂漫,牡丹、芍药无不上市,卖花的小贩们把新鲜采摘的花朵铺排在马头竹篮上,又各以歌叫吸引顾客前来。

李清照出门逛早市,年方十八的她当然还有许多少女心性,自是买得一支甚至带着露珠的花来。她转念又想,怕郎君赵明诚觉得,娇妻的脸庞不似鲜花艳丽,人面不如花面,则当何如？李清照将鲜花插在云鬓发间,簪花缓缓而行,她想着偏要丈夫看看,自己与鲜花孰更清丽绝尘？

其中少女可爱的心理,惹人怜惜的痴意,可以想见的夫妇二人的举案齐眉、你侬我侬之乐,以及品尝到人世间男女情爱的那份悄然自得,都跃然纸上。彩笺落笔,春色正在二人平日的点点滴滴里。

此一时期,李清照大约又有一首《浣溪沙·闺情》：

绣面芙蓉一笑开。斜飞宝鸭衬香腮。眼波才动被人猜。
一面风情深有韵,半笺娇恨寄幽怀。月移花影约重来。

一般多以为这也是李清照写新婚之乐。但仔细看来,似乎不确。

下阕谓"半笺娇恨寄幽怀"是以书信相约,结尾云"月移花影约重来",当是约定下次见面。且从上阕来看,毫无疑问是指风月情事。若是写与赵明诚的新婚生活,何必有尺素蛮笺之事？又何来再约下次幽会？岂非咄咄怪事？

故这首词应当是词作中常见的闺情词而已,如男性词人写女子情爱之思等,不必考虑作为李清照描写个人经历的"纪实"作品。李清照在诗词上的才情完全能够轻松驾驭这种文学的"虚拟",或是将自己新婚之乐的情感移花接木到一首词的意境里,营造出一种虚虚实实、难以分辨的美。

词本身亦是很漂亮的写法。香炉飘烟，袅袅衬腮，女子似乎已经愣神了许久。她忽然莞尔一笑，顿时芙蕖盛开，美人如花，眉宇间明眸善睐，眼波如水。可她又陡然露出几分羞怯甚至是薄嗔：如何这般思念才相见的郎君呢？风情万种，故曰"深有韵"，谓极其标致也。但美人已难抵相思的苦与蜜，摊开蛮笺信纸，将娇柔缱绻都写了进去，幽幽心事只在郎情妾意之间。

"待月西厢下，迎风户半开。拂墙花影动，疑是玉人来。"李清照笔下的女子已痴痴地期待着鸿雁传书，约定下一次的再会了。

李清照的新婚生活应当确实是和"情投意合"四个字相匹配的。从她后来的《金石录后序》中，我们能看到更多的细节。有云：

> 余建中辛巳，始归赵氏。……侯年二十一，在太学作学生。赵、李族寒，素贫俭。每朔望谒告，出，质衣，取半千钱，步入相国寺，市碑文果实。归，相对展玩咀嚼，自谓葛天氏之民也。

当然，其中也有一些谦辞不足为信，如说赵李两家都是寒门，一向贫困节俭。实际上结婚时李格非已经是礼部员外郎，而赵挺之更是六部侍郎级别，总体收入在北宋是完全谈不上"贫困"的，应当是富足有余。

但这段自述仍然很具有价值。李清照说赵明诚在太学中每到初一和十五日就会请假，将一些衣物典当到当铺去，换出五百文钱，然后直奔大相国寺。因为这两天相国寺内都会有"特殊大集市"，当时叫作"万姓交易"。每月开放五次的"万姓交易"有多热闹呢？大约可认为是当时东京城里最雅俗共赏的核心商圈每月的"快闪集市"了。集市上有日用百货、南北瓜果,甚至各种飞禽走兽都能在里面买到,佛殿附近各种衣物、饰品琳琅满目,到了殿后资圣门处,便是各种鱼龙混杂、真假相间的古籍善本、字画古玩,再往深处后廊区域逛去,更有"铁口直断、童叟无欺"的算命先生,有卖各种土方的江湖郎中……

赵明诚感兴趣的是金石碑文,买的大头正是这些,当然也会买一些果实回来。所谓金石,主要指的是古代的青铜器皿或是碑碣石刻。青铜器上往往也都有文字,与碑文一样都是行家眼中"无价"的宝藏,蕴含着不知多少秘密和趣味。

总之,这样"淘"了一番后,到得家中,夫妇二人便相与把玩欣赏、细细研究,那自得其乐的感觉让二人产生了一种美妙的错觉:他们仿佛不是在大宋的东京城里,而是在数千年前的上古时期,乃与世无争的葛天氏之民,陶然沉醉于金石之中……

李清照出嫁后按照当时的规矩,自然算作赵家之人,而那时候父母在,一般是不能另外"别居"的,即一个家族的人都住在一起。赵明诚是赵挺之的季子,他还另有两个胞兄,加之赵明诚尚未入仕为官,想来他和李清照两口子的"小家庭"之用度,主要是来自赵挺之分配的"月例钱",再加上或许李格非也会贴补女儿一些。作为官宦人家的子弟,赵明诚与李清照的生活当然一般是衣食无忧、酒肉不愁的。但金石的爱好确乎是一个填不满的大坑,要不断网罗金石碑文,恐怕要花出去的钱不在少数,所谓的"质衣"典当换钱,大概是确有其事。

更有趣的是,在当时,李清照也对夫妇俩这一爱好颇有优越感,否则便不会强调他们仿佛是"葛天氏之民"了。李清照在十八岁的年纪以为这是一种自由自在的高雅爱好,与庸俗的追求金银珠玉大有不同,但随着人生的风浪迭起,她会逐渐转变这一想法。

这一年七月二十八日,苏轼在北归途中逝于常州。

同年冬十二月末,赵明诚的姨父陈师道亦病逝。

何以要提到陈师道呢?

原来,陈师道与苏轼交好,非常仰慕苏轼,极端厌恶赵挺之攻讦苏轼、黄庭坚的行为,大约对他见风使舵的仕宦品行也极为不齿。可是赵明诚却和陈师道一样,喜好苏轼、黄庭坚的诗文,一老一少成了忘年交,陈师道甚至特地为这个外甥去寻觅金石碑文,支持他的爱好。

据后来朱熹的说法,陈师道的死竟也和赵挺之"有关"。当时陈师道在秘书省为馆职,需要出席郊祀大典,而长时间的户外典礼又在腊月寒冬,如果没有厚重的皮裘大衣显然是撑不住的。陈师道的妻子就跑去赵挺之家借了一件皮草貂裘之类的御寒大衣,但陈师道知道后却坚决不肯穿,还声称"你不知道我不穿他赵家衣服吗!"最后在郊祀大典中果然冻坏了,最终一病不起。

苏轼的离世似乎代表着一个时代的结束,而陈师道的病逝则好像给李清照、赵明诚的美满婚姻蒙上了一层不祥的阴影,似乎李清照的公公赵挺之总要给他们的婚姻生活带来一些不幸的"插曲"。

谁能想到,很快,这种不幸就不是"插曲"所能形容的了。

怕郎猜道。奴面不如花面好。云鬓斜簪。徒要教郎比并看。

——《减字木兰花》

第三章
应是绿肥红瘦

大约在新婚的第二年,即崇宁元年(1102年),李清照填了一首在后世得到无数称誉的小词,即《如梦令》:

昨夜雨疏风骤,浓睡不消残酒。试问卷帘人,却道海棠依旧。知否,知否?应是绿肥红瘦。

惜春、伤春本不过是诗家、词人所常咏叹的意境,原是不容易在小词中写出别样味道的。但年轻的李清照能人所不能,她做到了。

一般认为这首词写的就是李清照的新婚生活。夫妇俩有着共同的金石爱好,加上本就是官宦之家,风雨之夜寻常百姓的忧愁自然是没有的。两人"诗酒趁年华",那些钟鼎碑刻背后的秘辛就在他们你一句我一句的对话里,琴瑟和谐的伉俪之情则在酒盏绿樽深深浅浅的变化里。她的眼神,赵明诚都能明白;他的欢喜,李清照都能共情。

这般酣畅欢饮,醒来已是不早了。李清照慵懒地起身问身边的侍女,一夜的刮风下雨,外头且如何了?丫鬟只说海棠花还开着呢,李清照听了不免一哂。这小丫头什么都不懂,竟不知风雨过后,必定是

"绿肥红瘦"!

也有人认为这个"卷帘人"指的是赵明诚,但这种看法恐怕是不确的。早在唐时即有云"谁家女儿楼上头,指挥婢子挂帘钩",很明显,挂帘钩的是女婢一类的侍女。

历来对这首词评价很高。宋人即已说"绿肥红瘦",此言甚新。据说,"当时文士,莫不击节称赏,未有能道之者"。不过,自宋朝到清朝的一片盛赞之声里,也有批评的意见。

宋人陈郁云:"李易安工造语,故《如梦令》'绿肥红瘦'之句,天下称之。余爱赵彦若《翦彩花》诗云:'花随红意发,叶就绿情新。''绿情''红意'似尤胜于李云。"

这不由得让人想到明朝李攀龙对李白《灞陵行送别》的批评。青莲居士的整首诗为"送君灞陵亭,灞水流浩浩。上有无花之古树,下有伤心之春草。我向秦人问路歧,云是王粲南登之古道。古道连绵走西京,紫阙落日浮云生。正当今夕断肠处,黄鹂愁绝不忍听。"李攀龙竟说:"间作长语,是欺人也。然何处尔?如此诗但云'上有无花树,下有伤心草,云是王粲南登道',岂不雅驯?"

诗尚且有音乐性,又何况词!如李白的原诗,本是金石宫商之声,错落有致。李攀龙所改,形同插科打诨的街头说唱,如今人王小波评论翻译时说的有"二人转"的味道。而宋人陈郁的审美同样令人不能苟同。"花随红意发,叶就绿情新"本庸常诗句,"绿情"对"红意"也如同小儿学诗,虽工整,但匠气十足。而李清照的"知否,知否?应是绿肥红瘦"却以寻常口语入词,先以宛然天成的叠语"知否,知否"起头,已见不凡,如明人徐士俊谓"此词安顿二叠语最难……若他'人静,人静'、'无寐,无寐',便不浑成",结尾更是奇思妙想地道出"绿肥

格非 ─┬─ 苏门后四学士，著名文学家，被打入"元祐奸党籍"
　　　└─ 与苏轼和苏门四学士交好，四学士之一的晁补之可能指导过李清照诗词

氏 ─── 宰相王珪之女，早亡

氏 ─┬─ 重臣王拱辰的孙女，抚养李清照，并可能对其进行文学的启蒙
　　└─ 李迒 ─── 李清照同父异母弟

丈夫赵明诚 ─┬─ 宰相赵挺之的儿子
　　　　　　├─ 金石学家，与李清照共同致力于金石文物的研究与收藏
　　　　　　└─ 两人共同编纂的《金石录》成为后世研究古代文物的重要资料

丈夫张汝舟 ─── "特奏名"的恩榜、恩科之进士，但实际上
　　　　　　　 举数造假，根本达不到"特奏名"的要求

─── 李清照的公公，蔡京的政敌，参与迫害元祐党人

─── 李清照的婆婆，在赵挺之去世后担任一家之主

─── 赵明诚姨兄，副宰相，曾帮助李清照

─── 赵明诚妹婿，李清照曾前往投靠

─── 高级文臣，赵明诚的表兄弟，可能在李清照与张汝舟离婚事件前后帮助过她

─── 李清照的表妹夫，宰相，迫害岳飞，促成绍兴和议

─── 李清照的表妹，秦桧的妻子

─── 宰相王珪之子，秦桧妻子之父，李清照之舅，投降金人

─── 宰相王珪之子，李清照之舅，献城降金

红瘦",语虽简洁甚至市井、日常,却含隽永不尽之意于言外,岂不是词中最上品的一种语言营造吗?

"绿肥红瘦"的审美范畴之高妙,正在于"无限凄婉,却又妙在含蓄"。一首《如梦令》固短幅小令,却藏无数曲折,清人乃称"圣于词者"。李清照岂非"词中女帝",一人而已吗?

且从后来之世事变迁乃至李清照个人的生活经历来看,"绿肥红瘦"不唯伤春、惜春的字面情绪,更如四字谶言一般,预示了父亲李格非乃至李清照婚姻生活的"风雨"。

是否这一时期,聪慧过人的李清照已经在东京城里嗅出了政治环境行将剧变的味道呢?

李格非的仕途本来又进入一个升迁时期,此时李清照之父正担任京东提刑,已是路级监司大员,跳出了无数官员一辈子难以脱身的"常调"。按李格非入仕时乃是最低级的选人官阶,在宋代选官制度中,选人须两任亲民官(县令之类),有举主推荐,才能升迁州军之通判,通判又须两任满,再有举主,才能升知州(军),这一过程即"常调"。绝大多数官员一辈子就在常调里打转,能做到一州长官,便算是"封疆大吏",已经要再三谢天谢地谢人了。而等到知州(军)任上政绩闻于朝野,或有大臣举荐,才有机会擢升路级的转运使副、提点刑狱或者到京师三司为省府判官——这就叫"出常调",相当于由"市"到"省"或者京城衙门里当官,属于跳出五指山,往后的路可就宽了。

再加上李格非的儿女姻亲关系,其亲家公赵挺之在这一时期先后任吏部侍郎、御史中丞、吏部尚书,可谓是官位赫赫,看起来李格非的仕宦前途一片光明,得到待制的殿阁职名,成为侍从高官应当也就是几年里的事情罢了。

可谁叫"别有人间行路难"呢？人世如此，官场也就更是风云难测了，因为"天意从来高难问"，官宦之家的一生中充满了"想不到"，想不到的又何止李格非和李清照，更是大有人在。

或许最想不到的便是当朝的宰相——赵挺之的靠山曾布。

去年向太后驾崩，曾布作为主持太后丧葬的山陵使，还将徽宗皇帝赵佶想要继续变法、推翻元祐政事的秘密告诉了仪仗使赵挺之，令他向天子首倡"继述"，可曾布哪里能想到，自己的这番投机心思，竟然只是成全了赵挺之的"身登青云"！

赵挺之的首倡"继述"当然很快得到了回报，他被任为御史中丞乃至后来的吏部尚书都是官家赵佶对他的奖赏，当然也是为了"千金市马骨"，给群臣看看风向，让他们知道顺从天子心思的实在好处。

更关键的是，在去年，也就是李清照、赵明诚缔结连理的建中靖国元年（1101年），有一个本已靠边站的最为阴险狠毒之人物，被重新起用了，他就是蔡元长蔡京。

据当时的大臣陈瓘所言，蔡京此人竟能直视太阳而双目不眨。陈瓘便向人说，蔡京精神如此，他日必贵。但其自矜禀赋过人，"敢敌太阳"，若其得志当国，必定专权逞奸，目无君上！

蔡京本已提举宫观，属于失去权力、职务的闲人。然而，建中靖国元年（1101年）曾布治向太后丧葬完毕，还朝即依靠赵挺之的"继述"开始独专国政，排挤左相韩忠彦，甚至将韩忠彦门下之人逐渐补外，不令其党羽在京为官。韩忠彦认为，曾布所以得计，不过是助力天子再行绍圣、元符时期的"新政"，可要说到绍述神宗新法的本事，有一个人未必在曾布之下，那便是贬黜在外的蔡京！韩忠彦于是力主起复蔡京，称其能赞襄绍述。当时蔡京在杭州闲居，也设法通过在当地主持明金局(专为徽宗收集古字画等)的宦官童贯,来取得皇帝赵佶的信重。

朝中官居左右史的起居郎邓洵武又上《爱莫助之图》,将公卿近臣分左右列之,左则不过数人,右则百余人。右谓元祐,即不能助天子绍述者;左谓元丰,即能助天子推行新法者。赵挺之赫然正在左列!同时,在左列宰相条目下,邓洵武还写了一个名字,且贴纸覆盖其上,徽宗赵佶揭而视之,乃蔡京。

奇怪的是,天子竟对右相曾布说,邓洵武称非拜蔡京为宰相不可,与卿不同,奈何?

这番话不针对左相韩忠彦说,却只针对曾布说,显然是徽宗皇帝对曾布专权的一种警告,也表明官家赵佶已经存了换宰相的心思了。何况,起居郎本就是记录天子言行的近臣,甚至邓洵武的上奏,或许本就是皇帝秘密唆使的。

赵挺之当然也窥见了御座上至尊对曾布的好恶之转变。于是,他竟又背叛了提携自己的右相曾布,弹劾起曾布的党羽户部尚书王古。在这种背景下,蔡京确实火速起复了。建中靖国元年(1101年)十二月,蔡京复龙图阁直学士,知定州;到了崇宁元年(1102年)二月,又以知定州身份为端明殿学士、知大名府;三月,被召回京师,重领其元符三年(1100年)出外前曾任的翰林学士承旨一职。

蔡京回来了。

他虽然还不是宰执大臣,可重为翰长,却只是一个开始。

曾布在此时已骑虎难下,他指使言官弹劾韩忠彦变神宗之法度,逐神宗之人材,罪莫大焉。五月间,韩忠彦罢左相出外。

三天前,五月初三(丁巳),荧惑入斗。

这是天上的火星(荧惑)停留在"二十八宿"之一的"斗宿"之中,古人以为此乃大不祥之噩兆,有所谓"荧惑入南斗,天子下殿走"的民谚。

可这还不是应在韩忠彦的罢相上,而是蔡京的入参大政。此年六月,蔡京自翰长除尚书左丞,成为副相执政。拜左丞的制书将蔡京称许为"非常之才、豪杰之臣",乃至"先朝硕德、当世名儒"。入仕三十二年后,蔡京终于爬到了决策层,成为宰执大臣。

在五月二十一日(乙亥)这天,朝廷下诏,已故元祐大臣司马光、吕公著、文彦博、苏轼等皆降所赠官,仍在世的苏辙、范纯礼、刘奉世、张耒、黄庭坚、晁补之等五十七人,并令三省登记造册,不得授予在京差遣。

籍记"元祐党人"的运动开始了。

后来蔡京当国,称之为"元祐奸党"。

五天后(庚辰),赵挺之除尚书右丞,成为副相执政。

但对李清照一家来说,赵明诚父亲赵挺之荣登宰辅的升迁除拜,竟不是一桩好事!

赵挺之、蔡京的先后入参大政,都显示出徽宗皇帝深思熟虑后的安排。

经过一次在御前奏对时与执政蔡京、温益围绕户部侍郎人选问题的冲突,曾布的命运实际上已经被决定了。同为执政的赵挺之在此次奏对时,无一言以助当时的独相曾布。毕竟当他看到作为皇帝潜邸旧臣的"从龙人"温益,竟直呼宰相之名,怒斥"曾布,御前安得无礼!"时,赵挺之应该已经完全明白,曾布成了徽宗的弃子。

闰六月,御史钱遹弹劾"曾布呼吸立成祸福,喜怒遽变炎凉",称其"援元祐奸党,挤绍圣忠贤"。初九日(壬戌),曾布罢相倒台。

赵挺之非但没有因为曾经依附曾布而被殃及，反而成了皇帝赵佶的亲信宰臣之一。对赵挺之而言，"恩相"曾布尚且可以轻易背叛甚至落井下石，又何况是当初出于政治投机结下儿女亲家的李格非呢？

七月初二(乙酉)，朝廷再次籍记第二批元祐党人名单，即"曾肇、陆佃、王觌、丰稷、王古、李格非……"——李清照之父李格非竟名列第五！

当时李格非的京东提刑已经被罢，已然是宫观祠禄的闲人，但还是没有逃过被打进元祐党籍的命运！

后四日，下诏焚元祐法(元祐《详定编敕令式》)。

此前一天，七月初五，蔡京由尚书左丞拜右相。他终于登上了宰相的宝座。

到九月，在蔡京、赵挺之主政下，正式将元祐更化时期以及元符三年(1100年)当政的旧党，甚至包括一些宦官凡一百二十九人，定为"党籍"，分为：文臣曾任执政官、曾任待制以上官、余官、内臣、武臣五类，并由徽宗皇帝赵佶亲自御书，然后刻石于文德殿正衙前"端礼门"。其中，文彦博列执政第一，苏轼列待制第一，秦观列余官第一。苏门四学士当然也是全部在其间的。

而李格非的名字，当然也正在其中，位列余官第二十六人。

这便是第一次成型的"元祐党人碑"了。

当时的政治恐怖已然开始。

七月时，苏门四学士之一的张耒因为此前在颍州听闻苏轼病逝，便出钱在佛寺为苏轼饭僧办法事，自己又穿丧服缟素而哭，竟被"责授房州别驾，黄州安置"，这已是很重的贬黜责罚了。朝廷居然不允许官员为苏轼等旧党名臣悲恸哀悼！

八月时,则下诏司马光、吕公著、吕大防、刘挚、范纯仁、苏轼等人,其家族子弟并不得任在京差遣。宋朝过去对官员,特别是文臣的处罚,一般最多也就是贬谪岭外,很少有祸及家人的。可蔡京当国以后,他和赵挺之却开了迫害"扩大化"的先例。

当九月之际,父亲李格非的名字被御书刻石之前,李清照是何感想,又有什么行动吗?

我们如今只能得到一句佚句之诗了。

李清照大约写了一封信笺给当时已经成为副宰相的公公赵挺之。随信附有一诗,今仅能见其一句:

何况人间父子情!

估计李清照必定是在九月前,大致在七月时做了这件事。因为等到九月御书刻石,这一切便难以挽回了。

在这句诗的背后,李清照是花了一番心思的。此前提到的赵明诚之姨父陈师道便曾对人说,赵明诚因为喜好苏轼、黄庭坚的诗文,所以得不到父亲赵挺之的宠爱,几乎如小邢一般。所谓"小邢"指的是邢恕的儿子邢居实,据说与苏轼及其门下四学士并为忘年交。但其父亲邢恕却与蔡确狼狈为奸、沆瀣一气,因而小邢和父亲颇有"形同陌路"的政见矛盾。邢居实英年早逝后,黄庭坚曾写诗一首,云"眼看白璧埋黄壤,何况人间父子情!"所说的正是此事。

而此处李清照直接引用黄庭坚诗句入诗,非是她才不逮心,不能自为珠玑,而是希望赵挺之读到这句诗后,能想到邢恕和邢居实的父子悲剧,能因而怜惜赵明诚和他的父子情,从而爱屋及乌,念及儿媳的父亲李格非的命运……

但赵挺之是何人？曾布对其有大恩，提携可谓不遗余力，若非密告天子心意，他赵挺之又何来"首倡继述"之功，从而简在帝心，一路蹿升执政？从他背叛曾布、御前无一言相助，都见出赵挺之在仕宦上始终把自己的利益放在一切事物之前。赵明诚本就已经因苏黄而与其父产生龃龉，赵挺之又怎么会去冒着政治风险，把亲家公李格非拔救出党人名单呢？

李清照的哭诉，甚至是含泪的控诉终究是归于无用。

没多久，对元祐党籍中人的大规模贬黜就开始了，李格非自然不能有所例外，他被远谪岭南，到了广南西路的象州。这里过去在秦朝时叫象郡，已是当时宋朝西南最偏远的地方之一。若说不担心父亲远赴万里的艰辛乃至到当地水土不服、疾病缠身的可能，那便不是正常子女的情感了。李清照无疑是极度揪心的，可她只是一个古代社会中的"弱女子"，连她的丈夫赵明诚都无能为力，无法向贵为副相的执政父亲求情，李家的苦难不过是崇宁党籍恐怖下，数百个悲剧中的一个。

跋山涉水到了岭外，李格非起初还颇乐观，能作诗云"吾迁桂岭外，仰亦见斗极"，但他当然是思乡的，故云："枝床归梦长，乡堠行历历。"他大约住在象州城南，勉强"安顿"下来后，恐怕悲戚的情绪也不时显露，很可能为了不引人瞩目，平日都是黄昏时分才出去散步。有一首诗正描绘了这种情况，乃云："居近城南楼，步月时散策。小市早收灯，空山晚吹笛。儿呼翁可归，恐我意惨戚。"儿子见天色渐晚，父子俩又已走到郊外，担心荒凉萧索之境令父亲触景生情，便劝李格非回家歇息去，其中意味，确乎令人垂泪。此处的儿子应即李清照的异母弟李远。远在东京的李清照也只能期望着弟弟代替自己，尽可能地照顾好父亲。

可李格非此时毕竟是处境狼狈,从他的一首诗中可以很明显看出其情况,有云:"八尺方床织白藤,含风漪里睡鬅鬙。若无万里还家梦,便是三湘退院僧。"陋室四面钻风,好在象州燥热,但仍是睡得迷迷糊糊,不很踏实。李格非的乡愁已不知如何安放,甚至要问一问方外的禅意心声该当如何了!

我们也很难揣度李清照以何种心情度过了父亲被贬象州后的这段时间,但一眨眼到了崇宁二年(1103年),她的丈夫赵明诚已经离开太学,正式入仕为官了。《金石录后序》中云:

> 后二年,出仕宦,便有饭蔬衣练,穷遐方绝域,尽天下古文奇字之志。日就月将,渐益堆积。

看来,赵明诚一方面入仕为官,另一方面毕竟日子总还是要过下去,他的爱好自然不能耽误,于是把空暇时间几乎都用在外出寻访金石碑文的路上了。

如今颇有观点认为赵明诚的初入仕,应该就在东京城,夫妻二人谈不上有分离的经历,但这种看法恐怕是不能令人信服的。即便是进士及第的一甲状元出身,按照北宋仁宗嘉祐三年(1058年)到南宋末这段时期(基本以嘉祐三年诏令授新进士官职)的除官法度,差遣上也是除为州府签判或知县,代还升通判,再任满,才与试馆职。也就是说,即便你是大魁天下的状元,一般也要先去地方上任官。比如苏轼[虽然他是嘉祐二年(1057年)进士]最初被除授的差遣是福昌县主簿,后来因为制科第三等(最高名次),才改授凤翔府签判。再看元符三年(1100年)的状元李鉴,初授定州观察判官,崇宁二年(1103年)的状元霍端友,初授昭庆军签判——都是需要去地方上任职。

而赵明诚是太学生,取解(获得参加礼部会试的资格)比较容易,当然也可能是依靠赵明诚高官的身份,以门荫出身而入仕。由于建中靖国元年(1101年)和崇宁元年(1102年)都没有举行进士科省试、殿试,而只有宏词科,是以赵明诚在崇宁二年(1103年)得差遣出仕,那么,如果他是进士出身,看来应该是崇宁二年进士登科。但徽宗崇宁初年仍采取神宗朝铨试制度,在每年二月、八月春秋两季于吏部流内铨举行铨试,符合资格的有官身人得去参加铨试后才有可能获得实际差遣。而殿试在每年的三月,那么赵明诚最早也只能参加秋八月的铨试,不可能在春天即"出仕宦"。假如赵明诚早在元符三年(1100年)登科,以赵挺之当时身为高级官员的权势,不至于其季子须等候三年乃能得差遣。至于门荫出身,又似存在问题。因为按李清照的《金石录后序》记载,二人成婚的建中靖国元年(1101年),赵明诚二十一岁,则到崇宁二年(1103年),赵明诚也才二十三岁。按照宋代差注授官的规定,非登科出身者以及特旨初授者,须年满二十五岁才能注官,那么,除非李清照回忆时记错或《金石录后序》在流传过程中关于赵明诚成婚年龄有讹误,否则他就不可能是门荫出身。

故在本书中,我们姑且推测赵明诚为崇宁二年(1103年)登科,秋八月通过铨试,得差注差遣的资格。虽然正常来说,通过铨试后还要"集注问阙""待阙",即"指射"(报名愿获得的差遣)和等候所获差遣空缺出来,但考虑到赵挺之此时时已经是执政大臣,此前又在吏部任侍郎、尚书,想要安排下儿子的差遣问题,应该不在话下。而吏部铨司的"集注问阙"在每个季度第一个月举行,是以赵明诚最快参加的也应

第三章 应是绿肥红瘦 | 39

该是冬季第一个月,即十月份的"集注问阙"。那么,赵明诚的"出仕宦",即赴地方任官,应该是在崇宁二年(1103年)冬十月之后了。

虽然仍不能完全排除赵挺之依靠自己宰执大臣的"特权",用宰臣所在的宋朝最高权力机构三省都堂"堂除"的形式,跳过吏部铨选直接给季子赵明诚除授差遣(堂除本有一定的限制,如文臣通常须从五品以上,所除差遣一般也是级别较高或比较紧要者。但历来都有堂除侵占吏部铨选的"部阙",属于特权之用,称为"堂占"),可考虑到崇宁二年(1103年)前后的情形,赵挺之应当不会为了这个自己"不甚喜欢"的季子冒如此风险,从而引人侧目,指其以名爵私亲子,这对宰辅大臣而言是很忌讳的。

至于以太学三舍(外舍、内舍、上舍)直接一级一级"升贡"取得进士出身,这一做法一度取代过科举的"升贡法",要迟在崇宁五年(1106年)才实施。

总之,在赵明诚赴地方为官的崇宁二年(1103年),李清照年方二十。她新婚也才两年,父亲又遭此大难,远在五岭以南,再念及丈夫不在身边,李清照当然就十分孤寂苦闷了。

此年春,她写下一首思念父亲和弟弟的词作。

即《怨王孙》:

帝里春晚。重门深院。草绿阶前,暮天雁断。楼上远信谁传。恨绵绵。

多情自是多沾惹。难拼舍。又是寒食也。秋千巷陌,人静皎月初斜。浸梨花。

又到一年寒食清明。东京城里却是春寒料峭,暖意难寻。李清照盼着父亲从广南象州传来音讯,可终究是"望断天涯路"却了无所得。此恨绵绵,徒叹奈何!"见死不救"的副相公公赵挺之作为大家长的这个府邸,对李清照来说不正是一个困住她、锁住她,令人窒息的"重门深院"吗?这时节她的丈夫赵挺之应该也已经取得进士出身的功名,李清照当然明白,公公赵挺之怎么也会给赵明诚安排好差遣,二人分隔两地的生活想来是不远了!

因此,她的盼望里不知有多少苦闷、无奈,甚至几近绝望的情绪。一天里亦直是不知要伫立多少光阴,但等到月上柳梢,却唯有梨花无言,空气里尽是繁华帝都里他人的热闹,反而衬得自家庭院阒寂无声。

崇宁二年(1103年)的日子,对许多人来说更难过了。

四月间,蔡京独相的朝廷下诏毁司马光等元祐大臣绘像,又令苏洵、苏轼、苏辙的三苏文集以及秦观、黄庭坚等人的文集一并毁去,不得刊印。到了九月,又令地方上诸路监司治事衙门必须都立"元祐奸党碑",以儆效尤。

想来,李清照的父亲李格非以及她的弟弟李远在广南象州的日子,恐怕是不会很好过的。

倒是赵挺之,此时已经由尚书右丞迁左丞,再迁中书侍郎。虽然仍是副宰相,但显然在三省的地位更举足轻重了。赵挺之的长子赵存诚也得授馆职,赵氏一族这时候正在他人无限的艳羡中。

只是赵氏的阖家富贵,唯独对李清照而言充满了尴尬的意味。她虽然对丈夫赵明诚饱含着深情,但二人的婚姻大约只是原本赵挺之买的一份"保险",以期在旧党当政的情况下进退自如。如今朝廷"继述"神宗、哲宗之变法,这份儿女婚姻的"保险"意义自然也就等于零了。甚至对于位居最高决策层的宰辅赵挺之而言,季子赵明诚之娶元祐奸党党人的女儿,反而是他"赵相公"的白璧微瑕,甚至像一颗定时炸弹。可以想见,赵挺之几乎没有什么可能喜欢自己的儿媳,毕竟他甚至连赵明诚都不甚喜欢。

对于这一切的苦难,李清照能做什么呢?在大时代的面前,纵她有凌云之笔,也只能默默地等待,度过难熬的每一天。

第四章
正人间天上愁浓

时间到了崇宁三年(1104年),可正月里却并没有什么李清照能为之开颜的好消息。朝廷下诏,上书邪等之人不得至京师,即元祐党人碑上的人一概不许到东京汴梁来。二月间,竟又下诏,将原本新党的首相王珪和章惇另开一籍,也定性为奸党。就章惇而言,自是蔡京、赵挺之为了迎合徽宗,因为他章子厚反对过赵佶即位,岂非大逆不道?而王珪不正是李格非的岳父、李清照的外祖父吗?

早春的风更冷了。

李清照很可能是在这一时期写下了一首《玉楼春·红梅》:

> 红酥肯放琼瑶碎。探著南枝开遍未。不知蕴藉几多时,但见包藏无限意。
>
> 道人憔悴春窗底。闲损阑干愁不倚。要来小看便来休,未必明朝风不起。

从表面上看,这只是一首常见的咏梅小令。上阕谓南枝向阳,早开的梅花如红玉之美,直不知其在寒冬中酝酿了多久,只见得花蕊绽放,似含无限情意。这些都是寻常意思,不足为奇。

然而,下阕首句即笔锋一转,云梅花所含无限之意,原来竟是它们知道眼前人的苦闷,懂得眼前人的憔悴!且看窗外春景,岂不怡人?而李清照心头的忧思却浮于眉宇,她凭栏郁郁,却不知此愁何倚!到了词的结尾,她终于说,梅花邀我来观赏,便要趁早,未必明日不会狂风暴雨骤然而起!

如此一来,以赏梅须早,唯恐他日风雨的意思,似在暗指当时党争的险恶。甚至李清照会否有一种对公公赵挺之的含蓄讥讽呢?毕竟当时赵挺之属于当权的执政,数年来顺风顺水,可他对亲家李格非不闻不问,丝毫不肯搭救,这在李清照看来,当然是难以接受的。因此她会否生出这样的想法呢?即时运难测,岂有盈满无亏者?未必政争的残酷不会有一天波及赵挺之!

这期间李清照可能填了数首词来抒发这一类心情。但如今相对能够确定一些的,已是此年秋的一首《行香子》了,词云:

> 草际鸣蛩。惊落梧桐。正人间、天上愁浓。云阶月色,关锁千重。纵浮槎来,浮槎去,不相逢。
> 星桥鹊驾,经年才见,想离情、别恨难穷。牵牛织女,莫是离中?甚霎儿晴,霎儿雨,霎儿风。

崇宁三年(1104年)夏五月以来,赵挺之与蔡京胞弟蔡卞等各迁转三官,六月又令图绘熙宁、元丰"新法"功臣之像,安放于皇城内的显谟阁(宋代皇帝驾崩后都会专建一阁来收藏其身前御笔、御制,显谟阁是专为收藏神宗皇帝的所建),且下诏以王安石配享孔庙,从朝廷的官方层面,明确了王氏新学在儒学里的正统地位,这当然也是为了给徽宗皇帝用蔡京来"继述"父兄变法提供"理论依据"。同时,六月间又下诏重定元祐、元符党人及上书邪等者,合为一籍后再度刻石于朝堂,在首相蔡京主导下,更是将"奸党党籍"姓名颁布到州县一级,皆令刻石于地方衙门。

到了深秋九月,赵挺之由中书侍郎迁门下侍郎,虽然仍是副宰相,但按照当时官制,首相以左仆射兼门下侍郎,次相以右仆射兼中书侍郎,是以门下侍郎可被视为四位副相中的位次第一,即所谓首参。这其实是赵挺之更将大用的一个信号。

赵挺之有一位好友名邹浩,此人颇为正直耿介,哲宗时便反对废孟皇后而立刘贤妃,遭到过除名(追毁出身以来文字,所谓"废为庶民")、羁管新州的重罚。后来邹浩起复,徽宗时已官待制,成为高级文臣。然而,崇宁元年(1102年)蔡京用事,因为深忌邹浩,竟令人伪造邹浩当年反对立刘贤妃为皇后的奏疏(奏疏实际已烧毁),至有"臣观陛下之所为,愈于桀、纣而甚于幽王也。杀卓氏而夺之子,欺人可也,讵可欺天乎!卓氏何辜哉,得不愈于桀、纣也!废孟氏而立刘氏,快陛下之志可也,刘氏何德哉,得不甚于幽王也!臣观祖宗有唐、虞、尧、舜之德,而陛下有桀、纣、幽王之行,不识陛下寝食安乎,居处安乎?"这等于说是称哲宗之无道,过于夏桀、商纣以及周幽王。于是邹浩被重贬为衡州别驾,永州安置,此后更是上了奸党党籍。

到了崇宁三年(1104年),听闻老友赵挺之再迁门下侍郎,远谪岭外的邹浩义愤填膺,作诗讥讽道"促膝论心十二年,有时忠愤泪潸然。不闻一事拳拳救,但见三台每每迁。天地岂容将计免,国家能报乃身全。他时会有相逢日,解说何由复自贤!"

邹浩的诗句读来是这样的有力量。他说你赵挺之与我促膝之交十二年,也曾共谈国事,忠愤之下,有泪如倾。谁料到现在我邹浩蒙难,数年来你一言不发,只从邸报上看到你不停升官。别以为你能逃过善恶因果,倒是我一定会活下去,来日相见,且要听听你怎么巧舌如簧,解释解释为什么自己"独善其身"!

因此,赵挺之的冷酷无情不是只针对亲家李格非和儿媳李清照的,他是已经明确选择了人生的道路,即以仕宦的权力为首要目的,亲友都可以牺牲,可以不闻不问。

放在这一背景下,我们才能较好地理解李清照的这首《行香子》。

词的结尾说"甚霎儿晴,霎儿雨,霎儿风",实际这写的并非气候的阴晴不定,而是喻政治上的险恶叵测。九十年后的绍熙五年(1194年),辛弃疾在福建帅臣任上也填了一首《行香子》,有云:"恨夜来风,夜来月,夜来云……放霎时阴,霎时雨,霎时晴。"当时,辛弃疾因为在地方上鬻售回易盐而遭到朝廷斥责,以为扰民,故写下此词,模仿李清照的语句和词意,以喻政治上的倾轧无常。

李清照在崇宁三年(1104年)作此小令,应当正是对此年一系列政治事件,包括深秋时公公赵挺之迁门下侍郎的回应。当然,词作中也有对仕宦于外的丈夫赵明诚之思念。

上阕"惊落梧桐"明时令,"正人间天上愁浓"一谓悲秋,二则因盛夏六月之时"奸党党籍"扩大,刻石范围继续普及于州县而忧虑父亲、弟弟的处境。李格非、李远远在广南,故云"关锁千重"。李清照除了在云霓月色里遥想身处象州的亲人,她还能如何呢?由着这种对父亲、胞弟的愁思,她又想到了丈夫。故曰"纵浮槎来,浮槎去,不相逢"。无论是亲人还是丈夫,李清照此时都是难能一见。

下阕便转而写赵明诚出仕于外,对其之思念。恐怕因为父亲李格非陷党籍的尴尬，李清照不便跟随赵明诚赴任地方，仍待在京城。她以牛郎织女、星桥鹊驾来写自己和赵明诚的分隔两地。何以基本能确定这首《行香子》作于崇宁三年（1104年）呢？按李清照在《金石录后序》中的回忆，丈夫赵明诚出仕是在崇宁二年（1103年），那么到本年秋冬就是二人过了接近一年的分居生活了。因此，李清照在词中说"经年才见"。然而，"牵牛织女，莫是离中"的原因是什么呢？结尾已经告诉了我们，正是党争的险恶才让这对新婚夫妇被迫分别在两地。

此年秋更有一首著名的《一剪梅》：

红藕香残玉簟秋。轻解罗裳，独上兰舟。云中谁寄锦书来，雁字回时，月满西楼。

花自飘零水自流。一种相思，两处闲愁。此情无计可消除，才下眉头，却上心头。

这显然是一次夏末秋初的出游。河面上荷花已到了最后的时节，李清照轻提罗裙，独上木兰之舟。她大约在舟中的枕席上休憩，思绪不由得便飘到了云山雾外：丈夫会寄来书信宽慰她的相思之苦吗？唐人李益云"从此无心爱良夜，任他明月下西楼"，这是故作绝情之语，而李清照反用其意，大约也是因为想到了韦应物那句"西楼望月几回圆？"月盈则亏，人世间大抵多是怨憎会、爱别离、求不得，不如意事，十居七八，又岂能常常圆满？但李清照偏要说，只要鸿雁传锦字，便是人间花好月圆的时分。父亲和弟弟都远在广南蛮荒、难通音信之所，她只有丈夫一个亲人可以依赖和期盼了。

唐人有谓"水流花谢两无情"，到了李清照笔下，意境之美全在唐人之上。一句"花自飘零水自流",将词的音乐美、意境美、情感美推到了令读者共情的高潮。"直道相思了无益",或许吧,但这又如何?李清照只知道此刻,她无比地思念着赵明诚,爱恋着自己的良人,眉头心上都难以片刻放下。"何妨惆怅是清狂",她才二十一岁,如花美眷的年纪,还不能刻骨铭心地爱一回吗?

明人杨慎以为,"此词低回宛折,兰香玉润,即六朝才子,恐不能拟"。这种评价是恰当的,丝毫不为过。

忧愁父亲李格非和弟弟李迒在广南象州的生活,乃至无比思念丈夫赵明诚之余,李清照不得不进一步担心,崇宁元年(1102年)以来密集而频繁的政治倾轧、迫害,什么时候是个头呢?还会有更糟的情况吗?

实际上,赵挺之最晚在崇宁二年(1103年)已开始逐渐和蔡京暗暗不合。当时宰相蔡京及其胞弟执政蔡卞(王安石的女婿)为了迎合徽宗的好大喜功,便劝说天子起用王韶之子王厚,来实现恢复湟州、鄯州,彻底"断西夏右臂"的战略。于是在崇宁二年(1103年)正月,便以王厚为"权发遣河州兼洮西沿边安抚司公事"(河州长官兼洮西帅臣);三月又迁"权管勾熙河兰会路经略司职事"(熙河兰会帅臣),等于是正式用王厚开边,采取军事行动。对于蔡京、蔡卞主导的这一边事,赵挺之认为"(蔡)京初不习西事本末,妄以为湟、鄯诸羌……贪利畏威,相率归顺"。

但王厚、童贯在边毕竟成功了。且徽宗也需要蔡京为他设计和执行继述熙丰、绍圣的方方面面之政策,因此,赵挺之对蔡京暗中的反对大约是次数和效果都比较有限的。这样到了崇宁三年(1104年)底,赵挺之竟忽然称病居家——这很可能是一种以退为进的姿态,来试探天子的真正心意。

徽宗的反应是耐人寻味的。他"为之恻然",立刻派遣中使慰劳,又令御医看视,且再三告谕蔡京等二府宰执大臣:"挺之今病,在朝宁复更有人如挺之者?"天子说赵挺之可谓社稷之臣,独一无二。蔡京等都为此侧目。

到了崇宁四年(1105年)正月,辽国贺正旦使在紫宸殿辞别皇帝,这本不过是纯粹外交礼仪的场合,然而徽宗刚刚登上御座,便对左右说:"班中不见赵挺之,朕思之,为朕抚问安否?"

在大臣的班列里,朕没看到赵挺之,他病还没好吧,朕很是想念他,且去替朕问候安康与否。

这些话难道只是皇帝无心的脱口而出吗?恐怕是专门说给崇宁元年(1102年)拜相以来专权植党的独相蔡京听的。

中使冯铎便带着诏旨前去赵家府邸代表天子慰问。

赵挺之表现得感激涕零。他终于确认机会来了,于是销假复出。

蔡京不由得恐慌起来,担心赵挺之会借着谢恩的机会,在御前宰臣班列奏对时请求留身独对,到时候攻讦他蔡相公,打自己一个措手不及。蔡京乃连续两天和赵挺之等奏对时先请留身独对。

但凡事可一可二不可再三,到了第三天,赵挺之成功请求留身独对。

他孤注一掷,向徽宗进言,说:"今内外皆已为大臣之党!"

显然,这个大臣指的正是独相蔡京!

赵挺之的话应当是经过多日深思熟虑的,更何况这些指控并非空穴来风,乃是皇帝完全能立刻认同的。自蔡京拜相以来,执政中张商英、许将等不肯依附他的人,都被蔡京指使台谏弹劾罢去,他又汲引张康国、邓洵武等党羽进入决策层,成为二府宰执,并掌控台谏阵地,借所谓"奸党党籍"大肆打击异己。至于除授门生故旧、亲信爪牙为监司、州府长官等,就更是不在话下了。为了巩固独相的大权,蔡京甚至交通内臣中的貂珰宦官,乃至和健在的刘太后（哲宗朝第二位皇后）有所勾结……赵挺之总结说,蔡京的目的无非要"隔绝中外",大权独揽!

到了这年三月,百官被通知前往正衙文德殿听麻。

蔡京作为独相自然要代表政府跪受大诏,就理论上而言,这种天子在前一天晚上下令学士院锁院撰写出的白麻大诏,在宣读前群臣们都是不知情的。

阁门通事舍人在宣制位站定,展开诏旨,朗声读了起来。

> 门下：朕若昔大猷,考慎其相。爰求一德,协赞万几。顾难其人,久虚右揆。肆登贤辅,诞告大廷。具官赵挺之。受资清和,涉道醇粹。智足以周天下之务,学足以究先王之微。方时纷更,独陈谠论。逮予总揽,首建忠言。秉心不回,持议甚确。……丙、魏推同心而辅之政,声显汉廷。房、杜持众美而效之君,望高唐室。益祗远业,克绍前休。可特授右银青光禄大夫、守尚书右仆射兼中书侍郎、加食邑七百户、食实封三百户。

蔡京的脸色一定很精彩。

因为这是赵挺之官拜右相的大诏令！

麻制的用语极其褒美,把赵挺之说成了智谋堪当燮理万邦、学识足可穷究先王的"不世出之臣",更追述了赵挺之"首倡继述"的功勋。制词最后,更是将赵挺之比为汉朝的名相丙吉和魏相,以及唐朝的名相房玄龄、杜如晦。

大约就在赵挺之拜右相后,李清照鼓起勇气,再次献诗讽谕,可惜今天我们只能看到其中一句了,即"炙手可热心可寒!"

其意思是不言自明的。炙手可热当然指的是赵挺之宣麻拜相、位极人臣。可公公攀上权力的峰顶,却丝毫不肯援救李清照在岭外的父亲李格非,人心之寒彻,真是情何以堪!

不过,此一时期赵挺之自己大约却未必觉得是"炙手可热"。他在门下侍郎的副相执政之位上时,之所以称病乞退,很可能确实是一种姿态和观望,他与蔡京的矛盾也发展到了几乎半公开的程度,因此,他希望能借此机会说服徽宗,罢黜蔡京。

但官家赵佶的选择只是晋赵挺之为右相,以赵挺之来平衡蔡京,这不过是老赵家"异论相搅"的惯用帝王术而已。赵挺之成为右相后,必然也利用御前奏对留身或皇帝召见独对等机会,试图让徽宗罢免蔡京。可是,这些都没有奏效。

因为对崇宁四年(1105年)的宋朝天子赵佶而言,立"奸党碑"、继述父兄变法之志以确立自己统治的合法性,设大晟府,制礼作乐以标榜太平盛世,改革科举、学校以体现文治超迈前代,开边西北以谋求武功造极于一时,利用茶盐钱钞改革增加朝廷收入以满足各种营造和帝王私欲……都需要蔡京来规划设计、打压异议、坐镇实施。皇帝这时候还不习惯离开蔡京。特别是三月时,赴阙上殿的庆州帅臣曾孝序竟因为上奏反对蔡京掠夺民财,而被以"不与诸路约日出兵,违旨"的"子虚乌有"罪名,遭到除名勒停、封州编管的极重黜责——这一事件便是一个典型。

当察觉到天子的这一心思后,赵挺之再次选择以退为进,他主动请求辞相,并表示要返回青州老宅。在屡屡乞退后,此年六月,赵挺之罢右相,仍以蔡京独相。

　　但徽宗显然对赵挺之心存一丝愧疚,也不认为赵挺之确实应该下台,于是特加恩数,赐赵挺之京师府司巷府邸一座,对他的三个儿子也全都特旨封赏加官:长子存诚除从四品卫尉卿,次子思诚除从五品秘书省少监,季子明诚除正六品鸿胪寺少卿。对诸子的加恩乃在此年十月。这些举措显然是要留住赵挺之,并向蔡京等宰执和群臣表明,他仍然对赵挺之信重有加。

　　这样的风云变幻势必让李清照更加心惊胆战。何况她也不可能如赵挺之一般清楚最高层的权力斗争和背后的秘密。

第五章
谁人可继芳尘

崇宁四年(1105年)六月,赵挺之的罢相蛰伏恐怕只是在等待机会,而这一机会终于来了,甚至快得超乎想象。

就在赵挺之三个儿子超升九卿长贰之后三个月,天时、地利、人和都聚在一起了。

崇宁五年(1106年)正月初五夜(戊戌),彗星出于西方,"其长数丈竟天"。在当时的人看来,这不啻于昭示着巨大的不祥,透露着上天的震怒。

自董仲舒《春秋繁露》将阴阳五行与儒家学说混合为一种"天人感应"的机械宇宙观之后,加之两汉谶纬之流行,此后历朝历代的统治者都颇畏惧所谓"天变",以为日食、彗星等都是"天谴",乃上天对人君之警告,是人主统治无术,施政不当的反应。

正月十一(甲辰),刘逵由"同知枢密院事"的西府执政新除中书侍郎,成为东府副宰相。他很可能得到了一次谢恩独对的机会。因为刘逵忽然间向徽宗进言,提出三大请求:一者请先毁去皇城正衙文德殿前的所谓"奸党碑",二者放宽天子御书的奸党党籍官员的各项禁令,三者尽罢蔡京专权的各项错误政策!

要知道,碑文之字乃御书,奸党党籍最后也是"钦定",都是徽宗最后"拍板"的,刘逵的进言几乎已经属于"大不恭"的范畴。然而,徽宗的反应竟是从善如流。

皇帝在夜间令内侍宦官前往"端礼门"亟毁碑文石刻。

次日,正月十二(乙巳),垂拱殿宰臣奏对时,蔡京才知道这件事。他在仕宦生涯里罕见地失去冷静,陷入恐慌,竟在御前对徽宗厉声道:"石可毁,名不可灭!"

或许,这也是蔡京对自己已经失去徽宗信任而恐慌之余的殊死一搏,他等于在提醒天子,碑刻固然可以毁去,但"元祐奸党"名籍的确立和昭告天下,是你赵官家继述父兄、确立统治合法性的根本大政,是崇宁之政"继述"的根基所在,万万不可推翻!

当然,蔡京没有说出口的是,这奸党党籍也是他蔡京权力的象征。碑刻一旦毁去,党籍一旦松禁,全天下之官吏就会懂得,蔡京的权势至少暂时到头了。

徽宗果然完全没有听取蔡京的建议。这一日,朝廷连续下诏。一谓星象大变,天子避正殿、损常膳,中外臣僚等并许直言朝廷阙失。二谓元祐更化及元符末诸系"党籍"之人,"可复仕籍,许其自新。朝堂刻石,已令除毁,如外处有奸党石刻,亦令除毁,今后更不许以前事弹纠,常令御史台觉察,违者劾奏!"

这便是说,党籍可认为已废去,自京师到地方的奸党刻石也一概毁去,元祐、元符间事乃至熙丰时诸事,一并不许再弹劾论列!

何以赵挺之在去年贵为右相,他的进言却不能令蔡京失势,而刘逵只是一个副相,却能用如此"冒犯"至尊的进言,使得"国是"为之改弦易辙,大变特变?难道真的只是因为彗星出现的天变示警吗?

实际上，在崇宁年间蔡京大包大揽的专权施政中，并非没有重大失误和致命问题。第一是货币改革的大失败。就在刘逵晋副相的那天，蔡京领导下的三省都堂已经对于"当十钱"（币值以一当十）造成的乱象拿不出合适的办法了。"当十钱"是蔡京财政政策中的重要一环，其根本目的当然是掠夺民间财富，可"当十钱"发行推广以后，民间私自盗铸之风愈演愈烈，商品流通陷入困窘，物价又迅猛攀升。正月十一日这一天，尚书省便进奏，声称两浙路从监司到州县都对民间私铸"当十钱"毫无办法，形同纵容，导致两浙路小钱数量急剧减少，商贾不能行云云。当时蔡京是独相，三省中尚书左丞何执中、右丞邓洵武、中书侍郎吴居厚（十一日迁门下侍郎）这些执政副相都是他的党羽，如果没有蔡京的首肯，尚书省是绝不敢把两浙路"当十钱"的乱象禀报到御前的。可是，对于徽宗来说，其用蔡京是为了让他解决麻烦、打造"盛世"的，并不是让他制造麻烦，最后手足无措之际再来找他这个皇帝解决的。当日，徽宗亦没有他法，只能下诏，两浙路应上供朝廷的小平钱一并兑换成"当十钱"等大钱，将原本作为上供钱的小平钱留本路"买卖给散"，并令两浙路铸钱监疾速铸造小平钱发行使用。

到了党籍碑被毁去的次日，即正月十三（丙午），尚书省就"当十钱"问题再度上奏，这一次尚书省所说的问题可不仅仅是两浙路了。原来，此前荆湖、两浙、江南、淮南诸路都已经顶不住"当十钱"造成的乱象了，不得不下朝旨将"当十钱"改"当五钱"使用。现在尚书省说："尚虑民间盗铸不已，其当十铸钱并行罢铸，其已在官私当十钱，依已降指挥行用外，所有铸当十钱监，并仰铸小平钱。"也就是说，尚书省请完全停铸"当十钱"。这种混乱的根本原因在于"每钱重三钱"，可以粗略认为"当十钱"的实际币值作为贵金属只相当于三文小平钱。

第五章　谁人可继芳尘

尚书省的这种进奏表明蔡京及其党羽在此时已经近乎失去重要的决策权。完全有理由认为,这道进奏是由一天前从枢密院调任东府的中书侍郎刘逵主导的,其背后是徽宗的意志。果然,皇帝很快就批准了。

第二个问题则更为致命,很快就有人会提醒徽宗了。

正月十三(丙午),一个不起眼的荫补小官太庙斋郎方轸写了一封"重磅炸弹"。这个方轸是"诸王府翊善"方通的儿子,方通乃是蔡京之乡党,这才得了蔡京提携,安排给官家赵佶的子嗣做蒙学的老师。方轸的弹劾措辞极为耸人听闻,说:"效王莽自立为司空,效曹操自立为魏国公。视祖宗神灵为无物,玩陛下不啻若婴儿……"

更重要的是,他的几项弹劾十分精准甚至"刁钻"。如说蔡京"交通阉寺,通谒宫禁",这说的是蔡京勾结貂珰内侍和刘太后,可方轸又是如何得知这些机密的呢?又如论蔡京令将尚书省办公衙署搬迁入皇宫禁中,是其"恶白虎地不利宰相""是欲移害陛下"。再如,去年六月赵挺之罢相后,七月蔡京请在京师周边设"四辅"郡,各屯兵五万,凡二十万禁军,而请以姻亲爪牙为四辅长官,究竟是意欲何为?其他如铸"当十钱"、变乱盐钞以掠夺民财;自京师到地方布满党羽以欺上瞒下;借口三代之治、熙丰遗意以专权固位……也就更加不在话下了。

方轸作为蔡京乡党之子,何必要这样与首相"你死我活"呢?这既然并非其父亲方通所教,那么看来,很可能是有其他人教他如此做,且传递了许多禁中机密给他。

方轸最后说:"孛星见西方,日蚀正阴之月,天意所以启陛下,可谓极矣。奈何陛下略不省悔!""日蚀正阴之月"指的应该是去年十月壬辰(正阴之月)"日中有黑子"。此又可证方轸的上书必定在正月丁未之前。因为他没有谈到丁未日的又一次"天变"。

可以说,这时候连上天也不站在独相蔡京这边了。

方轸上书的次日,正月十四(丁未),天变再现。

这一日"太白昼见",这当然又是一种凶兆!按照《开元占经》所说"人君薄恩无义,懦弱不胜任,则太白失度,经天则变",这不正是对应了如今的官家赵佶大搞党籍迫害,又被奸相蔡京专权吗?

接二连三的天象示警令徽宗不得不信。他下诏"赦天下,除党人一切之禁"!

十七日(庚戌),下诏正式叙复元祐党人。李清照的父亲李格非当然也在其中,他与晁补之等作为"余官"中的一员,"并令吏部与监庙差遣"。也就是说,远在广南象州的李格非总算可以有一个祠禄差遣了,能领一份祠禄官的俸禄,生活的境况应该能有不小的改善。

这一切和赵挺之有没有关系呢?按刘逵本是靠依附蔡京才在崇宁年间火速升迁的,但考察其履历,会发现刘逵在哲宗朝曾在国子监和礼部任国子司业与考功员外郎。今虽不能确知其具体任官年份,但看来不无可能的是,赵挺之在国子监和礼部时或许与刘逵曾是同僚关系。要让刘逵决心背叛蔡京,一者是他察觉天子的心意,二来便是有人与其合谋,否则以刘逵之鲁莽,绝无这样的能力独自对付蔡京。从后来赵挺之"每阴启其端,而使逵终其说"来看,两人的配合无间绝不是偶然的。

因此,我们有理由相信,刘逵在正月里对蔡京孤注一掷的攻讦,其背后很可能是赵挺之所教。

那么,赵挺之处心积虑要斗倒蔡京,是为了推翻党籍吗?这里面可能有一丝他要救援亲家李格非的意思吗?考察其自崇宁元年(1102

年)入参大政以来的履历、言行,只能遗憾地说,这种可能是微乎其微的。

在崇宁五年(1106年)的这头一个月里,徽宗亲自下场了。他写了一道御笔手诏,令中使赐给赵挺之,云:"可于二十一日来。"

二十日(癸丑),诏令再下,元祐党籍人等名单的户部雕版及颁降出的在外名册,一并令所在各衙署除毁,付刑部疾速施行!

宋朝的朝旨绝大部分都是以宰相所在的政事堂名义颁布,无疑,到这时刻,蔡京已经失去了对政事堂的掌控,徽宗正通过中书侍郎刘逵来发布一项项诏令。

终于,到了二十一日(甲寅)。

已经罢相而闲居在京师的赵挺之入宫面圣,上殿独对。

徽宗皇帝说:"蔡京所为皆如卿言。"

赵挺之接下来的进言重点便是攻击蔡京设立"四辅"。

他说:"蔡京援引私党,布列朝廷,又建四辅,非国家之利。祖宗以来,屯重兵于京师,沿汴河雍邱、襄邑、陈留三县,沿蔡河咸平、尉氏两县,皆列营屯,取其漕运之便。至神宗,即其所分隶诸将而教习之,士卒皆精锐。若有所用虎符,朝出而夕至矣。今创置四辅,不惟有营垒修建之劳,且不通水运,将何以给其粮饷?"

这些言论和方轸的弹劾是高度相似的,都指向蔡京图谋不轨,需要防患于未然。

赵挺之更说:"今(蔡)京立法,召募四辅新军,减等尺,增例物,添月给钱粮,且免出戍。小人之情,惟利是从,若见新军如此,则陛下所养旧兵,皆不为朝廷用矣!"

他提醒徽宗,蔡京如今招募四辅新军,却降低禁军招募的硬性标准,然后增加薪酬钱粮之赐,又不必和其他禁军一样出戍远方,这样一来,陛下所养的几十万以前之禁军只见到新军的诸般好处,还如何使唤得动呢?言下之意,蔡京这样做,到底"意欲何为"?

徽宗很难不想起去年赵挺之对他的另一番"更有预见"的提醒。当时,蔡京下令给皇城的"巡铺卒"增加月俸钱,由原来的每月五百钱增加到四千五百钱,近乎十倍,更曾在西北蕃酋小陇拶来京归顺时,请天子登楼受降,然后按照南郊大礼给将校士卒支散赏赐……这些都是蔡京"以私恩阴结卫士""牢笼士卒"!

官家赵佶也许还会想到,去年赵挺之也曾指出,蔡京想要罢免禁军三衙管军级别的"殿前副都指挥使"王思,而任以亲信武臣,这是不能听从的。后来,徽宗采纳了赵挺之的建议,留下了王思,蔡京才有了建四辅、屯重兵的建言,难道这竟是有联系的?

要说蔡京真的要谋反,天子是不会信的。可蔡京确实太专权恣肆了!

何况徽宗已经决定,抛弃他蔡元长蔡相公了!

皇帝最后说:"天久旱,今京且求去而雨,可喜。"

原来,蔡京也已然"认输"了。

当时甚至出现了所谓蔡京"设此(四辅)以囚人主"的流言,细细想来,背后是不是有人推波助澜呢?刘逵、方轸背后之人又是不是史书中说的"多智"的赵挺之呢?

二月初三(丙寅),蔡京罢左相,以司空、安远军节度使、开府仪同三司的使相衔任"中太一宫使"的宫观闲职。

蔡京竟被赵挺之击倒了。

同日,金殿宣麻,赵挺之再入相,复拜尚书右仆射兼中书侍郎!

这一回,赵挺之可真的是做到了一人之下,万万人之上。

赵明诚这时候已在鸿胪寺任副贰长官,即鸿胪少卿。作为宰相东阁,尤其是此番扳倒了蔡京之后的独相之子,大约这时候上上下下也有许多人使尽浑身解数来讨好、巴结他。可能在这一时期,他得到了一份欧阳修《集古录》跋尾。其中包含四篇跋文,即《西岳华山庙碑》《汉阳君庙碑》《平原山居草木记》《陆文学传》。就这种对于金石碑文的爱好而言,别人想要投其所好也是非常容易的。

二月十五日这天,赵明诚就在鸿胪寺的直舍(值班办公室)里把玩这四篇跋尾。鸿胪寺本就是事少的闲衙门,赵明诚作为次长官,当然更是清闲,他提笔写下一段跋文:

> 利害不能诱,此鬼谷之术所不能为者也,是圣贤之所难也。右欧阳文忠公《集古录》跋尾四,崇宁五年仲春重装,十五日德父题记,时在鸿胪直舍。

古人写字竖着从右往左写,故云"右欧阳文忠公……""利害不能诱"或许说的是欧阳修之立朝仕宦大节。想欧阳修在庆历时与范文正公一同革新庶政,可谓疾恶如仇,后来神宗锐意变法,用王安石当国,欧阳修又能坚持原则——这些在赵明诚看来,应该都是极为仰慕尊敬的。何况赵明诚雅好苏轼、黄庭坚之诗文,而苏轼不正是出于欧阳修门下吗?至于"鬼谷之术所不能为者",恐怕是赵明诚想到了鬼谷子的学生,如庞涓、苏秦、张仪之类,这些汲汲于功名者,使尽了阴谋阳谋,与欧阳文忠公相比,真是判若云泥!

而李清照看着夫君的父亲赵挺之二次拜相,且甚至是以这样一种和蔡京直接对垒,战而胜之的情形重登相位时,她似乎是以一种旁观者的态度冷眼看待的。很可能正是在此时期,她填了一首《庆清朝》：

> 禁幄低张,雕栏巧护,就中独占残春。容华淡伫,绰约俱见天真。待得群花过后,一番风露晓妆新。妖娆态,妒风笑月,长殢东君。
>
> 东城边,南陌上,正日烘池馆,竞走香轮。绮筵散日,谁人可继芳尘。更好明光宫里,几枝先向日边匀。金尊倒,拼了画烛,不管黄昏。

从题材来说,这显然是一首咏物的长调赏花之词,一说所咏为芍药,一说为牡丹。但细细看来,咏物只是表象,词句背后似乎深有意味,甚至语含讥讽。

上阕"禁幄"谓皇城宫禁之内,即此芍药(或牡丹)非民间之花,"雕栏巧护"似乎也暗指赵挺之在此番权力斗争中步步为营,巧妙遥控。"就中独占残春"的语义所指也较明显。残春当即暮春也,应是三月光景。而此时赵挺之为三省独相,因此李清照讥其"独占残春"。然而春光易逝,春华不知又有几多光阴？这层道理,浅显之至,在李清照看来,公公赵挺之却是当局者迷,略无醒悟。后数句也是点出此意,东君即司春之神,当是喻天子赵佶,此谓赵挺之如芍药(牡丹)一般,企图以妖娆之态,长久地得到春神(皇帝)之宠信。可李清照似乎很不看好她的公公赵挺之。一句"一番风露晓妆新"颇有化用李白"可怜飞燕倚新妆"的意思。也许蔡京在崇宁年间专权的手段和制造的政治恐怖给李清照的印象太深刻了,她始终会下意识地认为,蔡相公才是棋高一着的那个人。而借花喻人这种以香草美人来比拟君臣关系的诗歌传统,从屈原楚辞之体即久已有之,李清照在这里应该也是巧妙化用罢了。

下阕更见李清照"居安思危"的敏锐嗅觉。"东城边,南陌上,正日烘池馆,竞走香轮",这指向的应是其他觊觎宰辅权力的政客之野心与蠢蠢欲动,也可能是李清照对蔡京"百足之虫死而不僵"的忧虑。"绮筵散日,谁人可继芳尘"则更是点明伴君如伴虎的仕宦险恶和权力浮沉的无常难测,她并不看好赵挺之能长久地把持住权位,持盈保泰。因此李清照笔锋一转,云:"明光宫里,几枝先向日边匀。""明光宫"是汉武帝时的一座宫殿,在长乐宫北,显然是清照以汉宫名拟东京宋朝的皇宫,此和唐人以汉宫名拟李唐长安宫殿是一样的。她已预见,权力的阶梯永远会有人你死我活地争相攀登,那些向"日边"(天子赵佶)拼命靠近的官僚也永不会止息,因为他们都已被蜗角虚名、红尘富贵给迷住了心智,最后只能是"金尊倒,拚了画烛,不管黄昏"——且狂欢吧,放纵吧,往后的事情这些人已无暇去虑及,就像唐朝权相李林甫面对儿子的劝说,只能表示"势已如此,将若之何",权力的魔咒正是每一个骑虎难下的政客饮鸩止渴时的毒药。汉人云"长乐未央",但汉朝于今安在?倒是唐人所说的"夕阳无限好,只是近黄昏"颇有道理。二十年后看,李清照的这四个字"不管黄昏"竟像是个谶言了。

另一方面,赵明诚和李清照在金石碑文上的爱好如前所言,毕竟在这个时期更加容易实现了。

《金石录后序》有云:

> 丞相居政府,亲旧或在馆阁,多有亡诗、逸史,鲁壁、汲冢所未见之书,遂尽力传写,浸觉有味,不能自已。后或见古今名人书画,三代奇器,亦复脱衣市易。尝记崇宁间,有人持徐熙牡丹图,求钱二十万。当时虽贵家子弟,求二十万钱,岂易得耶。留信宿,计无所出而还之。夫妇相向惋怅者数日。

赵挺之独相,其亲旧亦有在馆阁任职的,于是那些失传于外的佚诗、官修正史以外的逸史他说,乃至各类市面上未曾流传的古文经传、简帛之书,都常能得到,然而二人竭尽全力地抄录、赏玩研究之余,越来越沉迷陶醉其中。爱好这种东西,一旦开了头,往往只会越玩越大。此后,夫妇二人渐渐对古今名人字画甚至商周时期的青铜器之类也有了收藏癖,这当然是要花大把钱的,至于所谓"脱衣服"典当换钱,可能夸张的成分还是大一些。

但李清照也记录下一件收藏之"憾事"。说在崇宁年间,曾有人拿着一幅五代南唐大画家徐熙的《牡丹图》来兜售,要价二十万钱。二十万钱就是两百贯,勉强折合成今日的货币,也要在二十万元左右。最后,赵明诚和李清照只能忍痛放弃,没有买下这幅画作,甚至因此为之叹息怅惘好几天,可见他们痴迷金石碑文、字画古董到了什么程度。

许多喜好字画或本身精于此道的人大约也在这一时期和赵明诚夫妇时有往来。以枯木竹石画名于后世,又兼擅篆、隶、楷、行、草等书体的米芾就在八月的某一天拜访赵氏府邸,他后来和苏轼、蔡襄、黄庭坚并称宋代书法"四大家"。当然,也有些看法认为,原本的蔡是指蔡京,只是后来蔡京名声不好,连累了对其字的评价。

米芾作为苏轼和黄庭坚的朋友,与喜好苏黄诗文的赵明诚当然很容易走得近了。于是,赵明诚与李清照便拿出了所收藏的欧阳修《集古录》跋尾,米芾见之大喜,欧阳修是苏轼的座师,苏轼一辈子以醉翁门生自居,米芾只恨未能与欧阳修有交游来往,好向其讨教诗文、学问。

征得赵明诚、李清照夫妇同意,或是二人邀请之后,他激动地提笔在欧阳修《集古录》跋尾上题字:

芾多识前辈,唯不识公。临纸想其风采。丙戌八月旦谨题。

早晨即叨扰造访,可见米芾与赵明诚、李清照的关系应该非常熟稔,否则便略显唐突了。

这一时期党禁废除虽有反复,但总体是宽松了不少,李格非应该也得到了祠禄官的俸禄,而公公赵挺之更是皇帝倚重的独相,李清照的忧愁情绪可能多少得到了一定的缓解。崇宁五年(1106年)这段时间,大约夫妇二人在金石碑文、字画古籍的收藏把玩上投入了相当大的精力,毫无疑问也乐在其中。

然而,宰相赵挺之与副相刘逵主导的三省都堂,却渐渐失策了。

第六章
天上星河转

事实上,就在赵挺之二次拜相之后一个月,异样的政治氛围就又浮现出来了。

三月初六(戊戌),朝廷忽然下诏,原党籍石刻之人,各类别(宰执、待制、余官、内臣、武臣)除第三等允许回到京师,其余一并不许。如李清照父亲李格非在余官类别,其中第一等为孔平仲等凡十一人;第二等为黄庭坚、秦观、张耒、晁补之、王巩、司马康、郑侠、程颐、李格非等凡一百六十人;第三等则只有六人。也就是说党籍之禁竟又稍加严格起来,整个余官类别只有六人被允许回京居住,如李格非便不被允许回京,仍旧不能与李清照父女团聚。

到了四月十六(丁丑),又有四位州府长官被罢免,均授予提举宫观的祠禄闲职,其原因是一批臣僚进言:"(知江宁府徐杰、知虔州郭知章、新知漳州陈次升、知福州朱绂)皆元祐奸党,诋诬宗朝,附会邪党。今任以牧守,尚典方面,岂能奉行法令,体朝廷继述之意哉?"这四个人的进用都在本年[崇宁五年(1106年)]的正月十七(庚戌),而刘逵之除中书侍郎在正月十一(甲辰)。起复一些元祐党人,显然是刘逵与徽宗共同商议后的结果,当时徽宗借助刘逵来控制三省都堂,已经准备抛弃蔡京。

可到了四月,徽宗居然表露出了一些后悔和反复的态度。

四月间更值得注意的一件事是皇帝赵佶和谏院言官詹丕远的一次御前对话。当时一匹御马在马厩中"无病而卒",于是右正言詹丕远请对,向天子提出,应当谨慎地应对天变。徽宗似乎敏锐地把詹丕远的进言和此前对党籍的重新收紧联系起来,他很不高兴地说:"星宿之变如所谓天谴,确实可惧。但御马又如何能应天变?应天只如厩马一畜生之死吗?"

詹丕远针锋相对,表示这种说法纯属自欺欺人,他问徽宗:不知陛下从哪里听到了这一套说辞,以御马夜间"无病而卒"不值一提?

皇帝已然脸色不乐,徐徐回答:"是蔡京与朕说。"

詹丕远必定也注意到了,蔡京虽已罢相,竟仍然能在御前保持影响力,这是非常可怕的一件事。他只能表示,蔡京是前宰相,所谓大臣者,对于天变等不祥之兆,唯当反省此前数年秉政当国时候的过错,承认自己种种的政策失误,怎么能说天变等示警不值得当回事呢?

此后,詹丕远开始展读奏疏,读到朝廷开支应注意节俭,"乞罢营造、止浮费"的时候,天子赵佶打断了他。

皇帝说赵挺之也屡屡有此乞请。诸营造工程已停罢,至于其他费用应当遵守祖宗规范(神宗、哲宗)。过去蔡京秉政,朝廷财用上未见不足,他反倒是经常在朕面前引《周官》"惟王不会"之说,这是何意呢?

徽宗是极聪明的一个人,他立刻引用了《尚书》里的一句话,表示节俭之德固然重要,也是圣人之垂训。《周礼·天官冢宰》中有云:

岁终则会,惟王及后、世子之膳不会。

该句的本义说的是王室用度,到了年终要进行统计,但天子及王后、世子的膳食用度,不在会计范围,以示优待至尊者。

"丰亨豫大、惟王不会"正是蔡京给徽宗奢靡无度、铺张营造所提供的理论依据,也是蔡京为天子描绘的盛世蓝图。眼下罢废"当十钱",赵挺之与刘逵主政的三省都堂又每每要皇帝撙节朝廷用度、裁撤罢废虚名无用的开支,这已然让官家赵佶开始想到了蔡京"理财"的能力了。

詹丕远面对天子的暗示,直白地顶了回去:蔡京"惟王不会"的说法不过是想要取悦陛下罢了!

徽宗假模假式地答了句:卿说得很对,不以正道来取悦,朕是不会高兴的。

詹丕远的这次奏对已经是一个非常危险的信号了。但赵挺之和刘逵似乎并没有注意到,或者说并没有引起他们足够的重视和反思。

赵挺之作为三省的独相,此时期的主要施政方向可以用他在御前的一番话作为总的提纲:愿陛下下不失百姓心,中不失士大夫心,外不交兵于夷狄。惟此三者,最为急务。

不失百姓心,即应当罢废当十钱,改正变乱无度的茶盐钞法;不失士大夫心,即应当废除党籍之禁,使党争消弭而朝野安宁;外不交兵于夷狄,即应当与夏人切实讲和,勿再开边动武。

诚然,徽宗确实在赵挺之面前言蔡京如何如何不当,谈及他种种政策的问题,也表示要与西夏止戈息武、爱惜民力与生灵膏血,对党籍的事情也表示了要放开……可人之好恶以及是非观感,多有因时因地的变化,甚至反复无常,又何况是天子的好恶?

并且,赵挺之对于蔡京为徽宗设计并已在逐步推行的学校新法也

第六章 天上星河转

完全反对。他认为废科举考试,而改行逐级"升贡",这是给权贵开了"请托"之门,等于为找关系、走后门、花钱买功名等不公之丑恶大开方便。至于学校新法中的兴建、教养支出,赵挺之也认为应该裁减,因为原本的制度已足够。

这就造成徽宗一心想要追求的"文治武功"、超迈父兄的"盛世"洪业,在赵挺之和刘逵主政的三省都堂里执行不下去了。皇帝赵佶只是想稍除蔡京当国时的一些弊病,从而缓解朝野激烈的矛盾和问题,并非要全盘推翻崇宁之政,若都推翻了,岂不是他圣天子"万方有罪,罪在朕躬"?往后的"丰亨豫大"又如何实现呢?

徽宗之用赵挺之与刘逵,其实与用蔡京时如出一辙。在崇宁年间,他给予蔡京极大的相权,不过是为了方便自己"置身事外",既享受蔡京为他敛财的奢靡荒淫、借助蔡京打压党籍官僚以树立天子继述的威权,又可以在局面混乱时以圣天子的角色拨乱反正。眼下将主政之权都交给独相赵挺之与执政刘逵,也不过是站在岸上先看看效果,设有不利,他再进行决策层的人事调整。

尽管赵挺之已做了一些未雨绸缪的安排,因为他感到"事既不出于上""虑有后患"。大约三省进呈,官家赵佶表演起了"圣睿渊默""垂拱而治"的把戏,可能尽是一些"依卿等意思办"的话,将整个"进呈取旨"的过程变成了"不须讨论,一概准许"。

因此,赵挺之总是私下里将主意告诉刘逵,让刘逵在御前奏对和进呈。刘逵尚不自知,想要事事据为己功,便总是在皇帝面前表现自己,"直前不避"。

到了六月,徽宗已经存了弃用刘逵的心思。

仍是在右正言詹丕远奏对的时候——这不禁让人联想,是否皇帝认为詹丕远是赵挺之或刘逵的党羽,这是要他传递消息,让二人自知关节。

徽宗说:"闻近日中外有三不可之说,谓法度不可变,刘逵不可用,蔡京不可罢。"

他假惺惺地表示,朕听闻了这种流言,为之警觉忧心,几个晚上没睡好。

我们很难确定这一囈语是蔡京党羽在京师鼓动的结果,还是纯粹是天子要通过詹丕远对赵挺之、刘逵进行严厉的敲打,但总之,这是非常明白无误的"暗示"了。

詹丕远见到皇帝说崇宁之政不能变,刘逵不能用,蔡京不应该被罢免宰相,便说:蔡京误国,陛下所知也;刘逵不知何故不可用?

徽宗回答:是也,说得好。如碎党人碑刻,宽上书党籍人禁,皆刘逵首陈,有何不可用?

从表面上看,这好像在细数刘逵的功劳,实则在一项项列出刘逵的罪过!

詹丕远听出了弦外之音,便说:恐怕是有人进谗,针对刘逵。但刘逵用和不用,只在陛下圣裁。至于蔡京,决不可再用,须逐出国门才好!

见詹丕远非但"未领会"圣意,反而顶了回来,皇帝沉默了片刻,终于说:今日且不要说其他,只说国家大政的方向究竟该如何?

詹丕远只得说:"国是"非小事,陛下应当与赵挺之等宰臣商议。

然而奏对的结果却是:诏旨责詹丕远"昏谬迂阔",罢谏职,贬黜出外,差知兴华军!

刘逵大约是赵挺之在决策层主要的盟友,甚至是唯一的真正盟友。可刘逵事实上已经在皇帝心里被打入另册,行将废弃。

第六章 天上星河转 69

此后的局势迅速发展，可谓急转直下。

七月间，三省都堂颁布朝旨，重新允许"当十钱"在京师使用，连东京畿辅周边地区也被允许使用。而畿内本允许民间用"当十钱"来交换小平钱的政策不再施行！

七月十一（庚子），恢复学校新法。诏书内直接以皇帝的名义颁布，云"若罢县学，则士非里选；废学粮，则人无所养；减教授，则无师；并提举，则无总，名存实废，甚非教育之本"。于是，县学、官学、田粮、教授乃至路级提举学事司全都依旧恢复！

到了八月，太常少卿冯澥的贬黜也引人瞩目。他上书说崇宁年间耗数路财力、民力，取西北"不毛之地"得不偿失，主张用"羁縻"的政策，怀柔戎狄豪酋，使为汉家藩篱也就是了。冯澥本受蔡京在崇宁初的党羽钱遹提携，并且赞成尊哲宗元符皇后（今刘太后）为崇恩太后，但如今在西事问题上却完全站在了崇宁开边的对立面。徽宗御批，申明崇宁年间恢复的西北三州都是他继承了父兄（神宗、哲宗）两位皇帝的遗志，如此武功，岂能污蔑诽谤？而冯澥之"邪言"，"动摇国是"，罪大恶极！于是，冯澥责授永州别驾，道州安置。

在这一过程中，又见臣僚猛烈弹劾冯澥，和此前弹劾江宁府、虔州、漳州、福州四长官，导致四人提举宫观一事，如出一辙。这就可见，蔡京虽罢相，他在朝中的势力仍然十分强大。相反，赵挺之、刘逵可谓寡助。

到了十月，由于此前又逐步放开"当十钱"，民间豪强形势之家的盗铸遂再度猖獗。面对这种现象，朝廷竟下诏，允许地方上按照一枚兑换三枚小平钱的标准，在官府衙门兑换民间私下盗铸的"当十钱"，京师官署出纳时，则用一半大钱（当十钱），一半小钱的比例支付给民间……其余政策更不赘述。

十一月,年初罢废的算术之学也恢复了,更进一步颁行自县学、州学、太学这样一路"升贡"的"升贡法"。至此,学校新法已经基本全都恢复。独相赵挺之的建议完全没有被施行和重视。

有必要指出的是,宋代的诏令朝旨一般都由宰相所在的政事堂(元丰前为中书门下,此后为三省都堂)颁布。一道朝旨的形成也基本离不开宰辅大臣御前的进呈取旨,君臣之间的反复商议。这就表明赵挺之和刘逵对三省的掌握失控了。

早在此年三月,辽国遣使为夏国请求归还被宋朝"侵夺"之地。然而两府中,知枢密院事的西府执政长官张康国,三省中的尚书左丞何执中、尚书右丞邓洵武、门下侍郎吴居厚都与赵挺之意见相左,他们都企图维持对夏的战争状态,继续执行蔡京的西北军事政策。这说明蔡京虽不在三省,但除刘逵之外,其他执政仍然受蔡京遥控。何以会这样呢?因为蔡京深知天子真正的心意。以至于赵挺之、刘逵在都堂集议中,声称"主上志在爱民息兵"时,其余执政"唯笑而已"。

到十一月的隆冬,政局之寒意早已和天气一般,但对徽宗来说,要彻底改弦易辙,还须解决一个问题,即如何解释"天变""天谴"之示警。

翰林学士郑居中为皇帝解决了这一难题。他在奏对中称,崇宁以来的政策,如学校新法、大晟府制礼作乐,都是文治而求太平之道,居养、安济等新法是为了提高社会福利,乃体恤下民的仁政,哪里有违背天理的地方呢?反观赵挺之独相以来,其更张措置,大为不当!

郑居中又密告礼部侍郎刘正夫,不久刘正夫请对,也是这一套说辞。

最后的时刻终于到了。

御史余深、石公弼等开始猛烈弹劾执政刘逵,称其尽废神宗皇帝熙宁以来的良法美意,破坏天子继述以绍先烈的圣意,且结党营私,擢用奸邪党人云云……

十二月初二(己未),刘逵罢中书侍郎,外知亳州。

赵挺之在决策层已独木难支。

据说刘逵出都堂时,不少与他平日相处较好的堂吏为其送行,皆依依不舍。刘逵笑着说,大家不要担忧,我今年才五十,老相公(蔡京)六十岁了。

可刘逵不会知道,他和赵挺之已形同"冢中枯骨"了。

年关一过,便是新的一年。

去年七月份时就已下诏要改元,如今便是新的年号了,大观元年(1107年)。

正月初七甲午,百官文德殿听麻,蔡京再入相,复拜尚书左仆射兼门下侍郎!

宰相蔡京回来了!

自刘逵罢执政后,胜负已分,赵挺之也开始了连章请辞相。

到大观元年(1107年)三月十一(丁酉),遂正式宣麻,右相赵挺之罢,晋从一品特进,授从二品观文殿大学士,佑神观使——实际上成了祠禄宫观的闲人,失去了一切秉政的权力。赵挺之倒台了。

赵挺之此番罢相的请辞也是疾病缠身。不过这回却并不比此前的"托疾",大约在过去的一年中,逐渐感受到天子再相蔡京的意图后,他已心力交瘁,加之他和刘逵作为政治同盟,在倒"蔡"的过程中也用尽了种种手段,于蔡京而言,赵挺之和刘逵都已经是生死仇敌。

想到这一次的失败,将不会再有复相的可能,甚或祸及家人,赵挺之终于是一病不起了。

罢相后过了五天,到三月十七(癸卯),两度拜相的赵挺之在皇帝所赐的府邸中溘然逝世。(一说为五月卒,或云后五日癸丑卒,但后五日当为癸卯。)

前宰相薨,其罢相制词毕竟并无任何责备,只是说因负薪之忧而恳辞,因而皇帝赵佶当然还是要做做表面功夫。天子的车驾临幸赵府,赵挺之留下的遗孀,即夫人郭氏带着阖家子弟哭拜徽宗,又跪请恩泽。想来,李清照应该也在跪拜的人群中。

郭氏泪雨潸然,乞请给死去的故丞相赵挺之的谥号中赐一"正"字。文臣逝去后,若谥号带"正"字,便是对其一生功业、品德的极高肯定,如范仲淹谥号便是"文正",人称"范文正公"。

二十五六岁的官家赵佶笑道:待理会。

"待理会"就是慢点再说,后面再看的意思。这在今天通常也是委婉拒绝的含义。于中已可见天子的无情。果然,最后的谥号乃是"清宪"。

更可怕的是,三天后,蔡京的报复来了。

先是御史"风闻奏事",声称赵挺之生前与富人结交,存在经济问题。蔡京立刻以三省都堂名义发布指挥,令京东路转运使王寀等在赵挺之老宅所在的青州专办此案,又命南衙开封府逮捕与此案有关的赵挺之亲属以及原本相府的使臣等在京师者……

对李清照和赵明诚的家人而言,相公这一去,灾祸竟来得如此之快。

总算,赵挺之虽然曾贵为独相,却当得上"清廉"二字,南衙与御

第六章 天上星河转

史台秉承蔡京的"钧旨",穷治此案,最后却是"皆无实事"。也多亏了这时候宋代的法治还比较讲究,要是到了南宋杀岳飞的时候,可不管有没有证据了。

蔡京一计不成,又施一计,遂令两省官、台谏言路官疯狂地接连弹劾死去的赵挺之,大翻其旧账,称赵挺之本就是司马光门下头号奸党——旧党宰相刘挚所提携,后来更对元祐奸党力加庇佑,破坏绍述云云。

于是到了此年秋七月,朝廷下诏:故观文殿大学士、特进、赠司徒赵挺之,追所赠司徒,落观文殿大学士……

也就是说,赵挺之在去世数月后,其赠官和生前的殿阁大学士的职名被一并追夺。

赵明诚这时候因为要丁父忧,当然也是解职返回了东京城。赵氏一大家族人,包括李清照在内,都不得不打点行装,既然故相公赵挺之成了"罪臣",皇帝的赐第自然就不能继续居住了,除了回到青州老宅去,已是别无他法。

这一时期,李清照填了一首《南歌子》:

> 天上星河转,人间帘幕垂。凉生枕簟泪痕滋。起解罗衣,聊问夜何其?
> 翠贴莲蓬小,金销藕叶稀。旧时天气旧时衣。只有情怀,不似旧家时。

上阕开头不只是点出夏天的结束与初秋之到来,所谓"天上星河转,人间帘幕垂",更是谓赵挺之的二次罢相与身故,其从权势赫赫到死后被清算,天上人间之别来得太快。在这里,"帘幕垂"已可见悲凉之感。虽然赵挺之过去也主导和参与了对党籍之人的迫害,对李清照之父李格非亦不闻不问,但有赵挺之在,无论李格非和弟弟李迒在何处,地方上的官吏总要给几分面子,断不至于过分刁难。可现在赵挺之已逝,蔡京再次上台,对党籍官员的罗网又一次收紧,失去了宰臣身份的公公这层关系,李清照怎么会不担心父亲和弟弟呢?

百般忧愁之下,李清照乃夜不能寐。只觉竹席渐寒,不知是天气转凉,还是泪痕湿透了的缘故。她轻挽罗衣,但觉着长夜漫漫,不由得想起了《诗经·小雅》里的一句诗来。"夜如何其?夜未央。"这恼人的、折磨人的黝黑的夜,何时才结束呢?真是长夜未央,漫漫无尽吗?黑暗还会有结束的时候吗?

下阕转写家道中落之悲。这衣上的贴绣竟仿佛也通了人意,知晓世间的悲欢。眼下清照觉着身上的衣服竟像是在和过去的夏天告别,原本金线重彩的莲花纹忽然便旧了、脱落了、稀疏了,它们和池塘里的荷花一样吧?一叶落而知秋,它们也知道一个时代的结束!

李清照情难自禁地回忆起过往的时光。曾经的仲夏、昔日的金秋也是这般颓唐和绝望吗?她听到了旧日光景里的欢声笑语,看到了蛾儿雪柳黄金缕的良辰美景,她甚至感受到了旧日的天气……只是夏秋之交,虽本年年相似,可情怀的喜怒哀乐,却还能一如从前吗?斯人已逝,还岂能一如往常!

一方面要归葬故相赵相公,另一方面想远离京师这个旋涡的中心,李清照、赵明诚夫妇二人便在此年秋回到了青州。

在安葬和祭奠公公赵挺之的前后,李清照填了一首非比寻常的长调慢词《多丽·咏白菊》:

> 小楼寒,夜长帘幕低垂。恨萧萧、无情风雨,夜来揉损琼肌。也不似、贵妃醉脸,也不似、孙寿愁眉。韩令偷香,徐娘傅粉,莫将比拟未新奇。细看取、屈平陶令,风韵正相宜。微风起,清芬酝藉,不减荼蘼。
>
> 渐秋阑、雪清玉瘦,向人无限依依。似愁凝、汉皋解佩,似泪洒、纨扇题诗。明月清风,浓烟暗雨,天教憔悴度芳姿。纵爱惜、不知从此,留得几多时。人情好,何须更忆,泽畔东篱。

说非比寻常,首先是因为其用典极多。词不同于诗,如最早形成巨大影响力的柳七之词,便是多以市井口语入词,写男女情爱,歌倡女悲欢,遂风靡一时,"凡有井水饮处,即能歌柳词"。然而,士大夫多以柳永之词为轻浮俚俗。后来,苏轼以诗为词,又以豪迈之风独步天下,其东坡词中,已见时有用典。而真正喜好以典故入词,抒眼前丘壑、胸中块垒者,当属辛弃疾的"稼轩长短句"了,其词遂成词中之龙。夹在苏辛之间的李清照对词之追求,极重音律与词本身的审美要求,原是极少用典的。而在这首《多丽》中,李清照至少用了八个典故,且许多典故接连出现,这在她的词人生涯中可谓仅见。

该词创作时的季节仍是秋天。李清照应已随赵明诚和赵家族人返回了青州。词作原题中的"咏白菊"不知是否与归葬赵挺之有关,盖宋人已有以菊花祭奠亡故亲人的风俗。总之,清照由眼前的白菊想到了赵挺之与赵家如今的种种遭遇,这应当是确凿无疑的。

上阕起首与《南歌子》一样,再次出现"帘幕垂"的意象。按"帘幕之垂",本是描摹寻常景致的语言,无明显情感色彩,如"花露重,草烟低,人家帘幕垂",甚至还有一丝闲适慵懒的意味。可李清照在《南歌子》与这首《多丽》中的运用,却赋予了"帘幕垂"以极度悲恸的情感力量。只是这种巨大的哀痛、伤感被克制得颇为含蓄,只云天上斗转星移,人间小楼凄寒,故而"夜长帘幕低垂"。这种内敛的笔触所蕴藏的磅礴情感,给人以极强的艺术冲击,让人不由地坠入清照的诗词世界,与其共情了。

潇潇风雨最是无情。夤夜辗转难眠,对年方二十四岁的李清照而言,可不就是"则为你如花美眷,似水流年"吗?手如柔荑、肤如凝脂,亦只在这美丽的年华里被夜来风雨揉损,全无甚心情。又何止是自己?李清照想到了轩窗户牖之下的几株白菊,不也在风雨中备受蹂躏吗?

又是谁在这人世间呼风唤雨,盗天地阴阳衰杀的权柄,折磨李清照和她的家人呢?

李清照当然是一清二楚的。且看她荡开笔墨,连用六个典故来怒斥、控诉,甚至直指幕后之人,便能见出她非凡的词作天才和卓越的洞察与见识。"也不似、贵妃醉脸;也不似、孙寿愁眉""韩令偷香,徐娘傅粉"四句便是四个典故连用。"贵妃醉脸"谓唐玄宗与杨贵妃之荒淫享乐;"孙寿愁眉"指东汉权臣大将军梁冀之妻,盖孙寿"色美而善为妖态",能"作愁眉、啼妆、堕马髻、折腰步、龋齿笑"等媚惑之打扮、神情——故贵妃、孙寿很可能都是指向蔡京的奸佞与君前得宠。"韩令偷香"用的是《世说新语》之典,谓弑杀三国曹魏皇帝(高贵乡公曹髦)的奸臣贾充,因麾下韩寿(本为其司空掾)与自己女儿贾午偷情而沾染家中天子所赐的外邦贡香,被贾充发现后成全了他们。"徐娘傅粉"则指南北朝时梁元帝之徐妃徐昭佩,此徐妃心狠手辣,多次残害元帝后宫中怀孕的妃嫔、宫人等,又淫乱宫闱,多与内外私通。当时元帝的侍

第六章 天上星河转　77

从暨季江便是徐妃的情人之一,留下了所谓"徐娘虽老,犹尚多情"的说法,这便是"徐娘半老,风韵犹存"的出处。

显然,杨贵妃、孙寿、徐昭佩所指向的乃是在君前固宠专权的奸相蔡京,这种以女子得宠于男子来比拟君臣关系的手法,在诗词中是其来有自的,如李白有云:"西施宜笑复宜颦,丑女效之徒累身。君王虽爱蛾眉好,无奈宫中妒杀人。"但如果再细细品读,则"韩令偷香"之典说的乃是奸臣贾充,那么从这一层意味来说,四句典故还包含了第二层更隐晦的讥讽。按孙寿之典用大将军梁冀事,梁冀对应无道之汉桓帝,徐娘傅粉对应"残忍尤甚"却最终亡国身死的梁元帝——那么,四个典故就还有另一条线索,即以杨贵妃、孙寿、徐昭佩、梁冀、贾充来比拟蔡京,而以汉桓帝、梁元帝、唐玄宗比拟当今的圣上徽宗赵佶!否则"韩令偷香"用在此处就不伦不类了。

李清照能见出崇宁以来,蔡京种种的奸恶施政、迫害"党籍"官员(包括父亲李格非),以及种种"倒行逆施",乃至最后挟私报复已故的赵挺之——虽然蔡京有着不可推卸的主导作用,但背后更有皇帝赵佶的决定性作用。国事、家事至于如此,责任并不全在蔡京,源头乃在徽宗处!李清照在诗词中讥昏君奸雄,这种见识和气魄、才力,都是虽男子为诗词,亦不多见。

眼下蔡京确实权势滔天,但李清照却对其充满了不屑。故而在四个典故之后,她说"莫将比拟未新奇",自来奸佞无耻虽伎俩百端,其实一也!岂能用以与高傲的"白菊"相比?李清照是由时局而想到了自己。"细看取、屈平陶令,风韵正相宜"——她再次连用典故,说如屈原、陶潜这般耿介自守、刚直不折,才算得与白菊相宜。屈原《离骚》云"朝饮木兰之坠露兮,夕餐秋菊之落英",陶渊明《饮酒》谓"采菊东篱下,悠然见南山",不正是如此么?

李清照便以白菊自拟,以为白菊虽淡雅,然清芬蕴藏,虽盛夏荼蘼之花,何能过之!这是她身为女中豪杰、词中圣手的倜傥自信,她偏要觉着自己的人生能活出非凡的光彩。事实也证明,她的风采虽历千年,而全不能磨灭。相反,曾经翻手为云、覆手为雨的蔡京,已然在千年后遭青史之贬、人口之诛,再不能与李清照争雄。

下阕毕竟又念及赵挺之的败落殒没,思及家室为之一艰的大变,于是云"似愁凝、汉皋解佩,似泪洒、纨扇题诗"。这又是连用两个典故。李清照以"二女解佩"而终于倏忽不见,以及班婕妤之初幸于汉成帝,比拟赵挺之两次拜相,最后却黯然下台,甚至被追夺身后恩泽之事,从而引出君恩无常、政治险恶的讥刺,这应当说是比较明显的。《诗》云"汉有游女,不可求思",《韩诗外传》则说了一个美男子郑交甫遇汉皋二女,女则解佩相赠,但终于"曲终人散"的故事,到东汉张衡《南都赋》则曰"游女弄珠于汉皋之曲"。人与神女之遇也好,君臣之遇也罢,终究是要烟消云散,做不得真的。而班婕妤"人生若只如初见,何事秋风悲画扇"的故事更是为人所熟知,其先宠于成帝,但此后天子刘骜便移爱于赵飞燕姐妹,故云泪洒纨扇。君王之宠,岂能倚靠?

又怕是一个难眠的寒夜吧!

李清照抬起头来,窗外是明月清风,但看在她眼中,却是"浓烟暗雨"的凄凉、不祥之色。"天教"憔悴者,又何止是白菊之芳姿,难道不正是风华绝代的李清照吗?

对人世间的荣辱与坎坷,才二十四岁的李清照已深有感触和体认。故而要在词中说"纵爱惜、不知从此,留得几多时"。人生之苦,如何是你小心翼翼、爱惜机缘便能长久安泰的？结尾处，李清照云，若人情好时，便不需如陶渊明有归隐东篱之志。但这句话要反过来理解，即世道如今，正是风波恶、行路难，人情之恶，已一至于斯，不在青州隐居，还能如何呢？

第七章
人比黄花瘦

熬过了初回青州的秋冬,转眼已是大观二年(1108年)。

对李清照和赵家来说,总算有了一些好消息。

正月初一,皇帝赵佶在大庆殿受八宝,遂宣布大赦天下。这一回又对党籍之禁宽松了些许。到三月时,已明确对所谓元祐奸党,根据其情理轻重之别,凡情理轻者,落罪籍,特予选授官职差遣,予以起复。这里头一方面是徽宗受八宝之后,为了以示隆重的大赦需要,另一方面也是蔡京重新巩固权力后想着收买人心,奸党与否不过是他们君臣二人手中的一张牌。

回了青州老宅,眼里便远去了东京城的尔虞我诈和血雨腥风。李清照的心情渐平复了不少,颇"觉今是而昨非"。她越来越倾慕陶渊明的隐逸旨趣和人格之高洁,也终于懂得"倚南窗以寄傲,审容膝之易安"的"乐处"三昧。儒家讲"孔颜乐处",而李清照追求的是陶渊明"归去来兮"的快乐。她的"归来堂"和"易安居士"之自号,都已经不远了。

暮春清明寒食之际,李清照填了一首《青玉案》:

一年春事都来几,早过了、三之二。绿暗红嫣浑可事。绿杨庭院,暖风帘幕,有个人憔悴。

买花载酒长安市,又争似、家山见桃李。不枉东风吹客泪。相思难表,梦魂无据,惟有归来是。

"三之二"为宋时口语,即指清明节后,春天已过了三分之二,唯须注意的是,此"三之二"读如"三之腻",此为当时方言口音,亦因之协音律平仄。上阕云,花草荣枯诚小事,唯是庭院幽深,暖风帘幕之下,别有一人憔悴。憔悴者,正是对应去年以来赵挺之的罢相和身故,以及身后赵家遭到蔡京清算,狼狈离京,李清照在其中尝尽人世冷暖、世态炎凉。

但下阕意思为之一变。长安即拟汴梁开封,东京虽好,可又怎么比得上在家乡看桃李芬芳、山花烂漫呢?唐人云"柳岸看家山",京师繁华不假,可青州之乐,虽辇毂之下,亦岂能比?故而征尘里便有归来之泪,但这又何妨?

舟遥遥以轻飏,风飘飘而吹衣。归去来兮,胡不归!清照终于痛悟"惟有归来是"!

同年暮春,李格非已经和友人同游了济南郊外的佛慧山,显然是被从象州放还,此年应已北归,并移居回齐州[政和六年(1116年)升为济南府],不在岭外了。且当时党禁松弛的迹象,还能从此番同游者的身份看出。佛慧山之游,为首者正是齐州知州梁彦深,另有即将前往京西濮州任知州的武安国、将赴任金州的张朴,乃至李格非等四位有官身的人。若党禁未松弛,如梁彦深这样的现任地方长官,与"奸党"同游名胜,也是比较危险的事情。

齐州和李清照所居青州很近,都在今山东境内,当时同属于北宋的京东东路。想来父女俩应该能够寻得机会团聚,李清照与弟弟李迒当亦因之得以相见。

这一时期,李清照的心情可能便有所缓解,我们有理由相信,当夏日之时,她特地抽空去了齐州,与父亲李格非相会,也许还盘桓小住了一段时间,因而有兴趣在齐州风景名胜之所游玩,并填下一首小词。

著名的《如梦令》可能就作于此时:

常记溪亭日暮,沉醉不知归路。兴尽晚回舟,误入藕花深处。争渡,争渡,惊起一滩鸥鹭。

"溪亭"是当时齐州有名的林泉湖水之胜处。后世有所谓"济南七十二名泉"的说法,溪亭正居其一。李清照大约是前来齐州和父亲相会,但赵明诚是否陪同只能说不得而知。她必定是去了齐州城西面的溪亭游览,溪亭有湖,因为在齐州附郭县历城县之西,竟也叫"西湖",和杭州名胜算是撞名了。

巧的是,苏轼的弟弟苏辙曾在神宗皇帝熙宁年间任职于齐州,他便写过一首"燕别西湖"之诗,明确说数次在湖上宴饮,又曾作诗记溪亭风物人情,谓"溪上路穷惟画舫,城中客至有鳖鱼",可见溪亭、西湖当在一处,而乘船和宴饮于湖上当是主要的游玩方式。

从这首小令来看,李清照当是泛舟"西湖",至湖中亭台楼榭饮酒用餐,如此想来,赵明诚和她一起前来看望李格非的可能性还是比较大的。兴许是终于见到了睽违已久的父亲,李清照高兴之余乃不觉酣饮。自崇宁元年(1102年)李格非被打入党籍,乃至远贬岭南,至今已过了六年!其间朝局波谲云诡、变幻莫测,不知多少个夜晚,李清照要为父亲和夫家忧愁反侧,眼下李格非终于回到京东,父女俩不再天各一方,她怎么能不高兴呢?

画舫晚归,湖上黄昏,游人争渡喧。李清照看着舟船惊起无数水鸟,不知是否也想起"鸥鹭忘机"的故事?人生中,这样美好的时刻,毕竟是不多的。

到这年秋八月,闲居京西济州金乡县数年的晁补之过了五十六岁生日。金乡离京东的青州不远,晁补之又与李格非交好,前者是苏门四学士之一,当年苏轼早在杭州为通判时,就称赞晁补之文才超迈,有所谓"吾可以阁笔矣"的赞叹;而李格非是苏门后四学士,虽然和苏轼的交谊有些许波折,但时过境迁,晁、李两家的关系应当还是较亲近的。

这一年晁补之已在金乡住了六年,且开始自号"归来子",又以陶渊明《归去来兮辞》的意境,营建了多处楼观亭宇,作为自己金乡缗城的隐居之所。如今我们不能确知,晁补之的寿宴上,李格非、李清照乃至赵明诚是否赴宴,但应当说确乎存在这种可能。而不论是否亲临,李清照都填了一首寿词为晁补之祝寿,这是应当没有什么疑问的。该词为《新荷叶》:

> 薄露初零,长宵共、永昼分停。绕水楼台,高耸万丈蓬瀛。芝兰为寿,相辉映、簪笏盈庭。花柔玉净,捧觞别有娉婷。
>
> 鹤瘦松青,精神与、秋月争明。德行文章,素驰日下声名。东山高蹈,虽卿相、不足为荣。安石须起,要苏天下苍生。

晁补之的生日当在秋分,即八月十四日或十五日。古人认为秋分之时,阴阳相半,昼夜与寒暑亦均平,是以开篇谓"长宵共、永昼分停",借点出时令来祝贺晁补之的生辰。而以"蓬莱、瀛洲"这些方士口中的海上仙山比拟晁补之的松菊堂、舒啸轩、临赋亭、遐观楼、流憩洞等营造,显然就和今人祝寿时所说的"福如东海,寿比南山"是一样的意思。值得注意的是,这些晁补之隐居之处建造的楼阁亭台也都来自《归去来兮辞》,和李清照对陶渊明的喜爱是完全相似的。从后来李清照在政和年间所作的《词论》来推断,很可能在其少年时期,晁补之曾在诗词上教导过她,他算是李清照词学上的老师。心高气傲的李清照在《词论》中激扬文字,对李后主、柳永、张先、晏殊、欧阳修、苏轼、王安石、曾巩等名家前辈,毫不留情地加以批评,唯独对晁补之未置可否,或许正是这个原因。

上阕后四句谓晁补之宅中,其二子晁公为、晁公汝率满座簪缨之宾客,向父亲大人祝寿;而倒酒传菜者皆"花柔玉净"的美貌侍女。无论李清照是否亲自到了晁补之寿宴的现场,这些描绘虽应有一些文学的夸张,但总的来说,亦足见宋时士大夫阶层的生活状况。如晁补之,虽此前在党籍之中,可生活上仍然是富足的,所交往之宾客友人,也大多是有官身者,故曰"簪笏盈庭",寻常人是断不能参加这样的宴会的。同样可以推测的是,李清照、赵明诚夫妇的生活,绝不至于如她《金石录后序》中一些语句所说的那样贫苦。别的且不说,李清照平日家居所用的那些香氛,在当时大多数应都是海外之舶来品,其价值等同于今人所谓"奢侈品",岂是贫苦之家所用能!这一问题,后续我们便会谈到。

下阕进入对晁补之这位"寿星"直接的恭维,所谓如秋月之扬明辉,如冬岭之秀孤松,又称颂晁补之德行文章誉满东京,流传天下。词的结尾更以极夸张的笔触,将晁补之比为东晋时的名相谢安,所谓高卧东山,苍生奈何!后来谢安东山再起,运筹帷幄之中,决胜千里之外,使苻坚六十万大军铩羽而归,淝水之战也保全了东晋的江山——晁补之当然不可能有这样擎天补日的能耐,但李清照作为后辈和很可能的"弟子""门生"身份,当然只是表达一种美好的祝愿,希望朝廷能重用晁补之。这种祝愿背后,可能也有李清照对蔡京秉政的一种含蓄不满之表达吧!

另一方面,赵明诚是个闲不住的人,又痴迷金石碑文,如今没了差遣职务,当然便要时不时呼朋唤友,外出寻幽探胜,也好在那山寺郊野求索古代的碑刻文字。

夫妇二人所居住的青州,有一座仰天山。赵明诚便在深秋九月的重阳之际,与妹婿李擢一同登山。山上又有一罗汉洞,据说有孔窍可"通天观月",时人称为"仰天秋月",想来也应是青州一景。于是赵明诚便在洞口题字,好不快意。

重阳本当亲人团聚,加之如今屏居乡里,李清照更是欲与丈夫长久相伴,过些相对平安的日子。赵明诚的出游应是令清照十分不舍和思念。可能正是在这一时期,她写下数首想念赵明诚的词作。

一为《忆秦娥》:

临高阁。乱山平野烟光薄。烟光薄。栖鸦归后,暮天闻角。
断香残酒情怀恶。西风催衬梧桐落。梧桐落。又还秋色,又还寂寞。

该词写得极有韵味。上阕如生动的画卷,画面感之强让人如临其境。似能见到一登高望远的思妇形象,她目之所及,尽为远山浮烟、辽阔平野,直不知伫立了多久,终于是栖鸦哀啼,人空立,角声阵阵到黄昏。

视角转近,止在室内外、户牖间后,思妇之愁并未纾解,竟觉情怀殊恶,以至于香炉烟冷而美酒残剩于一旁,更无心添香举杯。轩窗外,西风里,梧桐叶落,真是一片秋色、一片寂寞。只此词的味道,已非柳永小词所能及。

其二为著名的《醉花阴》:

薄雾浓雾愁永昼,瑞脑销金兽。时节又重阳,宝枕纱厨,半夜凉初透。

东篱把酒黄昏后,有暗香盈袖。莫道不销魂,帘卷西风,人比黄花瘦。

按俗本首句皆作"薄雾浓云愁永昼"。但西汉中山王刘胜有《文木赋》,乃云"奔雷腾云,薄雾浓雾",是则薄雾对奔雷,浓雾对腾云,李清照化用词句的出处应即《文木赋》。

头两句又能见出李清照家居的生活情况。所谓"瑞脑",是当时一种名贵的香料,被称为"龙脑"。按照唐人说法,龙脑是舶自海外的婆利国(约今东南亚文莱),亦有出于波斯者,必八九丈高、六七围合抱之大树,且需其中瘦者才能出龙脑香。至宋代,似深山中千年老杉也可制相近的龙脑,总之乃是一种"奢侈品"。

宋人雅好焚香者,多半会自己调香,即所谓"合香"。宋人以为,"合香之法,贵于使众香咸为一体。麝滋而散,挠之使匀;沉实而腴,碎之使和;檀坚而燥,揉之使腻"。故而当时的富贵阶层,好此道者便有时会在家中举办闻香、品香甚至斗香的雅集、"沙龙"。宋朝有民谚云"烧香点茶,挂画插花,四般闲事"。

至于词中之"金兽"则指奢华的香炉。按宋人《香谱》,当时的华贵香炉能称金兽者,必涂金而雕刻成狻猊、麒麟等瑞兽形状,中空而能燃香,其香从瑞兽口出,乃以为权贵之家玩好之物。能以金兽燃龙脑香,足见李清照、赵明诚夫妇的生活,无愧是前宰相之家,倘若非要硬说其如何贫寒,便是一种牵强附会了,并不符合事实。并且在此后的词作里,我们仍能看到更多的例子来证实这种关于清照生活环境的推测。

但是在这种富足甚至谈得上精致的居家生活里,李清照却因丈夫的外出游玩而甚是孤寂、思念。因为对她来说,赵明诚是偌大的赵氏家族里自己唯一真正可以亲近、依靠的人,乃自己二人小家庭中的"郎君",这是当时任何女性作为妻子都难以摆脱的时代局限,我们不能以今人之眼光谓清照不够有女性之独立意识。并且,大观二年(1108年)清照也已二十有五,却还没有为赵明诚诞下子嗣,对家中的老夫人,即故相赵挺之的妻子、赵明诚母亲郭氏而言,恐怕对李清照是不甚满意的。毕竟在古代,所谓不孝有三,无后为大。那么孤身一人处在赵家青州宅邸中时,或许李清照便容易生出不少惆怅的情绪,因而倍加思念丈夫赵明诚。

况是重阳之节,良人轻别,不知清照是辗转难眠,抑或是夜半因"凉透"而醒?但见得合欢之枕,今也独倚,薄薄纱帐,望之也空,也许只能阒寂之中,静听清漏点滴,如此到天明吧!

假如你以为清照写闺情之怨仅止于此,那便太过小看易安居士了。到下阕,行云流水的奇想与意境交叠,自第一句到结尾,都可说是词中绝佳的天才显现。李清照之爱陶渊明,此不言自明,故曰"东篱把酒黄昏后"——这一"东篱把酒"的形象完全跳出传统的思妇闺怨,眼前分明是一个隐逸之士,甚至是狷介狂士,又有些仙风道骨的味道,如此引惹起读者的心思,却不是隐逸旨趣或游仙之诗。下一句,笔锋便陡然一转,"有暗香盈袖",隐士、狂士之感稍稍褪去,方令人回味到上阕若隐若现的女子形象,其中艺术手法的高妙,确可拍案叫绝。

六朝江淹《别赋》云:"黯然销魂者,唯别而已。"爱别离、求不得,如何不叫人伤心欲绝、形销骨立?看那断雁叫西风,帘卷人无依,岂不闻,人瘦也,比黄花,瘦几分?

整首词以奇崛的"人比黄花瘦"结尾,字字皆平易之语,却雅畅隽永,到寻常词人所不能到处,难怪明人徐士俊谓:"此真能统一代之词人者矣。"

九月重阳过后,弹指刹那,便是十月入冬。光阴流转,惊回首已是大观三年(1109年)。

赵明诚与亲友出游,寄情山水而寻访古碑的热情仍然没有丝毫减弱,至迟在此年端午,又能明确见到赵明诚重游仰天山的记载。此番同行者为赵明诚的二哥赵思诚以及妹婿李擢、姨兄谢克明等。实际说来,赵明诚在金石碑刻上的爱好,大约也不是凭空而来,很可能是受到父亲赵挺之的影响,乃所谓"家风"之传。在后来汇集了赵明诚、李清照二人心血所成书的《金石录》中,赵明诚非常清楚地写着:"右唐《遗教经》,国初时人盛传为王右军书,欧阳公识其非是。余家藏金石刻二千卷,独此经最为旧物,盖先公为进士时所蓄耳。""先公"即赵明诚之父赵挺之,可见,在赵挺之读书求学和初举进士登科之时,其家便有收藏金石碑刻的雅好,这种家风势必影响到了成长过程中的赵明诚,在他心里烙印下了深深的印记。等到年岁渐长,书香门第环境里长大的赵明诚自然就"子承父志",也喜好上了金石碑刻的收集。

完全有理由推测,赵明诚在入夏前的春天,也应当有几次外出寻山访寺的经历。因此姑且将两首《浣溪沙》系于这一时期,从词意来看,大致应是大观年间春的作品。

其一为:

髻子伤春慵更梳。晚风庭院落梅初。淡云来往月疏疏。
玉鸭熏炉闲瑞脑,朱樱斗帐掩流苏。通犀还解辟寒无?

这首词正可以与前面的《醉花阴》互相参照。词中也出现了有关香炉及合香的描绘,且仍然是"瑞脑"之香,即龙脑香。这样看来,《醉花阴》和此《浣溪沙》应不是普通的"闺情幻境"之作——也就是说,两首词很可能不是那类词人常写的"不必真实"的闺怨词,如男性词家所常作者,而很可能确乎是清照对自己生活的记录。否则何必再曰"瑞脑"呢?这大约是清照日常家居所用之香。而此番香炉便不再是"金兽",乃是"玉鸭",其质地大约属于瓷器,可能是汝窑之类的名贵之品。这便更见出李清照的婚后生活,绝不可能是贫寒的,这种说法纯属无稽之谈。

再看其词意,方落梅之早春,而清照无意梳理一头秀发,但云慵懒。实则慵懒是假,赵明诚外出,不在身边,其寂寞空闺,不知打扮与谁看,才是真。当然,女子固然大可为自己之美丽而妆以铅华,但在李清照此时的特定人生经历里,她又是多么渴望丈夫的陪伴呢?毕竟在赵家,她彼时是孤单的一个人。上阕谓其呆呆地看着庭院,此时应当天色尤未暗,故能见晚风之落梅花;随后说"淡云来往月疏疏",可见她的出神持续到了月上中天,"来往"一词尤见时间之久,非片刻伫立凝望之类。

值得注意的是,这一次清照连焚香的兴致也没了,她任那"睡鸭香炉换夕照",静看玉鸭沉睡、日落月升,竟是将龙脑香闲置着,不去搭理。人在寂寞中,有时候便如此百无聊赖,全提不起任何兴趣,便只是消磨光阴而已。随后,我们更能清楚见到李清照生活的环境和条件,便于理解她作为官宦之家,且是宰臣家庭儿媳的真实生活状况。其云"朱樱斗帐掩流苏""通犀还解辟寒无",这都见出非一般之家庭,实属富贵。《孔雀东南飞》谓"红罗覆斗帐,四角垂香囊",唐人诗歌则谓"红珠斗帐樱桃熟",盖饰有流苏、香囊之深红色斗帐,当亦属富家之用。而辟寒的"通犀"所指的"镇帏犀",更是远远珍贵之物。当时权贵之家,或有用犀牛角制成的此物,悬挂在床笫帏帐之上,一是为了不让风吹动,二是时人以为能够辟寒。而犀牛此物,本中土之所罕有,多为进贡,因此犀牛角是很贵重的物品。由此可见李清照、赵明诚作为故宰相之家的生活状况究为如何。按其谓"通犀",或许是赵挺之为宰执大臣时,皇帝所御赐之物,可能遍赐其家人,因而赵明诚一房亦分得其一。而李清照说,不知这遗留下来的镇帏犀是否还能辟寒,或许寒意并非仅来自初春料峭,更是因为丈夫的外出游历,不在身边?

另一首《浣溪沙》为:

小院闲窗春色深。重帘未卷影沉沉。倚楼无语理瑶琴。
远岫出云催薄暮,细风吹雨弄轻阴。梨花欲谢恐难禁。

春已深,而无心卷帘赏景,瑶琴陈设于一旁而无意弄弦弹曲,但见日影深深浅浅,至于黄昏。云烟笼罩的远山、骤然而来的斜风细雨,都令那窗外的梨花不堪承受。这梨花正象征着闺怨,亦诗词之常用,可能指向的正是大观年间赵明诚出游,而李清照独守空闺的孤寂自怜。

值得交代的是,在端午赵明诚仰天山之游一个月后,大观三年(1109年)六月,蔡京再次罢相下台了。

蔡京此番的罢相从表面上看也是他屡屡乞请辞相,实则是大观元年(1107年)复相以后,徽宗逐渐开始削弱蔡京的相权,到大观三年(1109年)时,台谏阵地已不被蔡京所掌握。御史中丞石公弼、殿中侍御史毛注等都是屡屡弹劾蔡京,甚至连太学生都上书猛烈攻击。到这一时期,徽宗以御笔、御笔手诏等帝王"特旨"类的方式,绕过两府直接指挥大小军政事务——这样的权术手段,他已玩弄得相当成熟,对于要获得不受限制的帝王权力的徽宗而言,这时候就要抛弃跋扈的蔡京了。

因此到了此年秋,党籍之禁又有所松动。蔡京的下台,或许也让李清照、李格非乃至赵明诚家族都感到稍松了一口气。

九月深秋,赵明诚又出游灵岩寺,此行收获不可谓不大,他得到了唐朝一代文坛盟主李邕的《灵岩寺颂碑》。李白笔下那位"英风豪气"的"李北海"说的便是李邕;杜甫曾吹嘘自己"李邕求识面,王瀚愿卜邻",亦是指这位文坛宗主。

隆冬之时,仁宗、英宗、神宗、哲宗朝元老,前太师、宰臣、平章军国重事文彦博之子文及甫到访青州赵明诚家。文及甫之来,也是为了观赏赵明诚家中的种种收藏,他最感兴趣的是蔡襄的书法真迹。

文彦博是旧党当之无愧的魁首,曾在熙宁年间与王安石大打擂台,又在元祐更化时期于司马光去世后任平章军国重事,是祖宗朝和祖宗法度的象征。然而,其子文及甫倒是与参与迫害"元祐党籍"的故相赵挺之家族来往,也是一桩趣事了。当然这说明,在宋时上一代的恩怨,未必会影响下一代人的交谊。

莫道不销魂,帘卷西风,人比黄花瘦。

——《醉花阴》

第八章
烟锁秦楼

至少从大观四年(1110年)起,李清照有数首词的编年变得极为难以确定,只能大致地归于大观四年(1110年)到宣和三年(1121年)之间。细数起来,李清照、赵明诚夫妇"屏居"青州的时间是从大观元年(1107年)起,到宣和三年(1121年)结束,即实际上至少在青州"屏居乡里"一十三年。至于《金石录后序》中李清照自己所说的"屏居乡里十年"不过是诗文中常见的"取其整数"之笔法。

而大观元年(1107年)到宣和三年(1121年)期间,李清照经历了由二十四岁到三十八岁的年龄跨度,从一个年轻女性变成了中年妻子。在当时那个时代,必须注意的是,李清照乃是一个没有孩子的"大龄"妻子。

我们要重构这段"屏居乡里"的历史,确乎存在巨大的困难。因为李清照并非仕宦于当时朝廷的男子之身,这注定了官修、私修的史书里,几乎不会有多少关于她的记录。虽然宋代,道学(理学)在南宋宁宗朝史弥远上台前还远远没有占据思想的统治地位,可在长久的儒家文化影响下,大部分宋人(即便是书香门第),仍以为女子出嫁之后,将自己的事情暴露于外,是非常有失礼教的做法。这和男子可以在千年前恣肆潇洒,并被认为是种种"雅事"的待遇,当然是截然不同的,属于时代对女性长久的一种精神上的压制。杜甫可以说"放荡齐赵间,裘马颇清狂",苏轼可以说"十五年前,我是风流帅",但倘若女子作如此说,就会在古代引人侧目,以为咄咄怪事,更以为非女子之所宜。

因此当尝试去描述李清照、赵明诚夫妇十三年青州屏居生活时,一则只能先从李清照自己的《金石录后序》里找相关材料,二则是她存世数量甚少的诗词。而宋以后的文人笔记关于李清照的描述,其可信程度或新鲜程度都是较低的,有些纯属小说家言。

然而,必须应当承认的是,由于李清照写作《金石录后序》时,赵明诚已去世,甚至宋朝的天下、李清照自身也屡经重大变故、波折。当时以大背景的社稷、家国而言,可谓是天崩地坼;以个体的命运际遇来说,李清照也是颠沛流离,饱经坎坷。在这特定的情况下,李清照对自己和赵明诚的婚姻生活之追述,具有非比寻常的意义和特殊需要——当时李清照需要重新得到赵氏家族的认可(或许还有谅解等),因此她的记述就如同对待《金石录》其他部分的"笔削"一样,绝对是经过了清照自己有意识、有目的的裁减和"美化"的。至少出现在她一些诗词中明确的负面情绪,就绝不可能体现在《金石录后序》中。这无疑给我们重构这段李清照的历史,造成了相当大的困难。

但不论怎么说,《金石录后序》仍是研究李清照的最重要材料和基础材料之一,今有必要将她亲自撰写的"屏居"生活片段引用如下:

> 后屏居乡里十年,仰取俯拾,衣食有余。连守两郡,竭其俸入,以事铅椠。每获一书,即同共勘校,整集签题。得书、画、彝、鼎,亦摩玩舒卷,指摘疵病,夜尽一烛为率。故能纸札精致,字画

完整,冠诸收书家。余性偶强记,每饭罢,坐归来堂烹茶,指堆积书史,言某事在某书、某卷、第几叶、第几行,以中否角胜负,为饮茶先后。中即举杯大笑,至茶倾覆怀中,反不得饮而起。甘心老是乡矣。故虽处忧患困穷,而志不屈。收书既成,归来堂起书库大橱,簿甲乙,置书册。如要讲读,即请钥上簿,关出卷帙。或少损污,必惩责揩完涂改,不复向时之坦夷也。是欲求适意,而反取惨慄。余性不耐,始谋食去重肉,衣去重采,首无明珠、翠羽之饰,室无涂金、刺绣之具。遇书史百家,字不刓缺,本不讹谬者,辄市之,储作副本。自来家传周易、左氏传,故两家者流,文字最备。于是几案罗列,枕席枕藉,意会心谋,目往神授,乐在声色狗马之上。

"连守两郡"是赵明诚宣和三年(1121年)起的仕宦经历,实际上夫妇二人继续其金石碑刻、字画古玩上的爱好,应是在青州屏居时期即如此。从这段《金石录后序》的材料里,可以清楚地看到李清照、赵明诚夫妇举案齐眉、琴瑟和谐的屏居生活。他们共同校勘古籍,共同把玩青铜之器,共同欣赏字画……每个这样的夜晚,夫妇俩都要燃尽一整根蜡烛,不如此即不忍就寝安歇。在青州乡里赵氏家族的宅第中,李清照和赵明诚夫妇所居住的几间屋舍成了二人金石之乐的世外桃源,李清照取名为"归来堂",她"易安居士"的自号应当也是此一时期所取。从十八岁新婚以来,二十年里夫妇俩不知积聚了多少金石碑刻的"宝藏",因此她颇是自得地说"纸札精致,字画完整,冠诸收书家"。想来在青州屏居的十三年中,他们确实成了当时首屈一指的收藏大家。

李清照还着力描绘了一幅夫妻间极其和谐的生活画面,后来清朝词人纳兰容若谓"赌书消得泼茶香",说的便是李清照、赵明诚之典故。李清照尚不忘说自己天赋异禀,有博闻强记之能,以至于丈夫往往只能是"手下败将"。夫妇二人是以什么事情决胜负为乐呢?原来,他们每每在饭后坐于归来堂中,先烹茶对饮,然后即兴指某事在某本书之某一卷、第几页,甚至第几行,看看谁记得更准确无误,胜者即先品茗饮茶。有时候闹得太欢乐了,说中之人举杯大笑,以至于把杯中的茶汤都打翻了——这可不就是"当时只道是寻常"吗?李清照说,夫妇二人"甘心老是乡矣"。

从这些描绘,不难见出确有相当高的真实记录和夫妇俩甜蜜的情感在其中,但这绝不是婚姻生活的全部。李清照选择用这样一个具有高度"艺术典型"的画面,来描述她和赵明诚自大观元年(1107年)以后的婚姻生活,实则恐怕是为了勾勒、概括出一个童话般的"二人世界"之图像、意境,以便向当时之人乃至后世之人表明,她和赵明诚之间的夫妻情感始终是近乎完美的。

屏居青州的十三年和赵明诚"连守两郡"的五六年间——这两段光阴,被李清照混合在一块,呈现出的只有他们的"快乐"。快乐固有真的成分在,可能也不少,但"只有快乐"的婚姻生活,自然不单单是为了《金石录后序》的记录,而主要是为了给人看的,以取信于人而已。

不妨先讨论其中大体都属于可信的真实范畴之事。大约在赵明诚两任知州的数年中,有了一方封疆的丰厚收入,夫妇俩的金石之好便有了更为充裕的资金支持。于是收书大业完成,"归来堂"里书库已具规模,甲乙丙丁分门别类的大书橱整齐排列其中,甚至加以橱锁,大约是为了防备梁上君子？李清照的生花妙笔还记录下一个细节，即她抱怨收藏到了这一地步，竟丢失了一开始谋求惬意自适的初心。原本是颇随性闲适的，如今则小心翼翼，稍有不慎污损，就须惩责"肇事"之人，令"揩完涂改"。从后文来看，定下这个规矩的大约是赵明诚。因为清照明确说自己"余性不耐"，又飒又英气的易安居士可没这般闲耐心。她想了一个办法，干脆尽可能买回一些古籍善本作为收藏品的副本，翻起来就不需那么麻烦了。至于开销支出的进一步扩大，李清照就觉着，不过是吃得简单点，荤腥鱼肉少吃点，穿得简单点，锦绣华服少穿件，乃至金银首饰、珠宝羽翠和居室的陈设器具，她都无甚所谓，钱不就省出来了吗？

从"余性不耐，始谋食去重肉，衣去重采，首无明珠、翠羽之饰，室无涂金、刺绣之具"这句来看，也可证明我们的推断，即李清照的生活水平绝对是算得上富足的。何况，在政和元年（1111 年），也就是屏居青州的第五年，赵明诚的母亲郭氏奏请恢复先夫故相赵挺之的生前官（从一品特进）、职（从二品观文殿大学士）以及赠司徒的头衔，此年五月，朝廷降诏批准了请求，恢复了赵挺之的这些生前官、职，死后哀荣。赵家的经济条件只会因此进一步改善。而"始谋"二字即表示，以下的事物不过是他们夫妇俩日常的生活条件而已。李清照说，这种收古籍善本以为藏品之副本的行为，很快也使得他们的"归来堂"里的书籍变得更多了，堪称汗牛充栋——桌案之上堆满了随手翻看的书，甚至床榻枕席间也散落着几册善本……她与赵明诚在清照自己的笔下，无疑是"情投意合""默契无间"。她的眼神，明白在他心间；他的唏嘘，感慨在她脸庞。这仿佛是二而一的两人，因此说"意会心谋，目往神授"，他们在李清照笔下是天造地设，显然是彼此的命中注定，再不可能有更好的另一半了。

李清照对这段十数年的生活有一句总结,"乐在声色狗马之上"。初看,自是只说,夫妇俩的爱好文雅非凡,远在寻常追求歌舞美姬、飞鹰走犬等感官皮肉或物质享受的俗人爱好之上。但假如联系后来的一些蛛丝马迹,这句话就似乎还可能有另一层隐藏颇深的意味,此且按下不表,姑容后叙。

总之,这十三年间,赵明诚有明确记载的外出游历便次数甚多,故李清照在对他情深意笃之下,每每因夫妻的暂别而思念也就非常可能了。一些闺怨词假如并非李清照纯粹的兴起填词,摹写思妇之哀愁,如唐宋以来的无数男性诗人词家之所为——在这类诗词中去寻求作者的个人经历显然是缺乏意义的,除非能明显地发现诗词的象征意义,如以美人香草和闺怨写仕宦坎坷、君臣不遇、忧谗畏讥等,那么当这些闺怨词竟真是李清照自身的所思所想,则以下几首就适合青州屏居生活时期的编年了,但即便如此,也很难武断地更精细确定于某一年。

一为《点绛唇》:

寂寞深闺,柔肠一寸愁千缕。惜春春去。几点催花雨。
倚遍阑干,只是无情绪。人何处?连天芳树。望断归来路。

催花雨即指清明时节,如前《青玉案·一年春事都来几》所云的"三之二",宋人认为时至清明前后,春即过之泰半,已为暮春。暮春之际,骚人词客自当伤春惜春,又何况闺中思妇,岂能不心怀远人?李清照写闺情,极到妙处。如说"柔肠一寸愁千缕",一寸则极小,千缕则数之不尽,如李白"白发三千丈,缘愁似个长",但含蓄之美又在其上;再如说"倚遍栏干,只是无情绪",倚遍栏干即云凝望怀人之久,却落语在"无情绪",如何会无情绪呢?岂非自相矛盾?实则"无情绪"背后乃是千言万语,是万千相思缱绻的爱恋情感,无情绪恰恰是情绪之磅礴,所谓大音希声、大象无形,已不能用言语道其二三也,若道处便是落俗套,成俚俗之小词了。结尾用晚唐五代之人韦庄词意"独上小楼春欲暮,望断玉关芳草路",亦甚好。

二为《念奴娇》:

> 萧条庭院,又斜风细雨,重门须闭。宠柳娇花寒食近,种种恼人天气。险韵诗成,扶头酒醒,别是闲滋味。征鸿过尽,万千心事难寄。
>
> 楼上几日春寒,帘垂四面,玉阑干慵倚。被冷香消新梦觉,不许愁人不起。清露晨流,新桐初引,多少游春意。日高烟敛,更看今日晴未。

春色恼人眠不得,更兼风和雨。虽成险韵之诗,难醒扶头之酒。"险韵"是指创作诗词时,所用的韵部里选择其中字少又艰涩生僻的为韵。"扶头"则是指"扶头酒",喝之易醉,诗人词家多有描绘。前则唐人白居易"一榼扶头酒,泓澄泻玉壶",后则辛弃疾"此事费分说,来日且扶头"。

心里一番"闲滋味"自是因良人不在身旁,故曰"征鸿过尽,万千心事难寄",古人以鸿雁鲤鱼为书信之代称,谓其能传递音信。春料峭,衾被冷,梦还觉。愁在心上只能带着宿醉而起。"清露晨流,新桐初引"是直接引自《世说新语》,而仿佛天然之去雕饰,在这里是谓春景已露芳踪,勾起不知多少游人踏青赏春之意,然而这"多少游春意"里,却并不包含词中的思妇。她在春山春水之外,冷眼看那日照影移、烟霭渐敛,等的又何止是斜风细雨愁寒天之后的放晴,或许不也是期盼着远方的良人归来吗?

三为《木兰花令》:

> 沉水香消人悄悄,楼上朝来寒料峭。春生南浦水微波,雪满东山风未扫。
> 金尊莫诉连壶倒,卷起重帘留晚照。为君欲去更凭栏,人意不如山色好。

"沉水"者,时用香料之名。香消而人悄,谓光阴之久,表相思之长。"楼上"凝望的意象自然也是表达对良人即将出行的强烈想念,故云"春生南浦水微波"。"南浦"是古人诗词中送别之所,如六朝江淹《别赋》"春水渌波,送君南浦,伤如之何",而春水已生,南浦岸边当目送君去,春色便徒为恼人了。明明"雪满东山风未扫",冬雪未消,山路难行,又何必出行呢?

因此相思之下,只能借酒消愁,乃云"金尊莫诉连壶倒",且不要辞饮,更须把苦酒满斟! 只是为那薄暮光景,斜阳难劝,不知向何处,方能留下一襟晚照? 为君明日当去,妾须凭栏,终是"人意不如山色好"!

结尾之句写得甚妙。一可谓,水光山色虽好,而良人既去,思妇无心赏春景之美,故曰"人意"不佳,犹心情之不佳;二可谓,佳人固则佳也,在良人处,终不及山水泉林之美,是以远行。

当然,在赵明诚的出游、李清照的思念(不排除上述三首或其他词作只是闺体书写的一种文学"虚构"之可能)以外,确有一些更清晰的记载能让我们看到二人在青州屏居生活的十三年里,那些属于婚姻生活之快乐的一面。

据晚清、民国人况周颐《蕙风词话》卷四"云巢奇石"条:

易安照初临本,诸城王竹吾前辈(志修)旧藏。竹吾又蓄一奇石,高五尺,玲珑透豁,上有"云巢"二字分书。下刻"辛卯九月,德父、易安同记"。见寘王氏仍园竹中。辛卯,政和改元,是年易安二十八岁。

按照这一记载,如果况周颐看到的王志修所藏碑刻为真(今人黄盛璋、王仲闻、于中航等学者怀疑为伪),那么在政和元年(1111年)九月,赵明诚曾带着李清照一同出游,并在一块名叫"云巢"石的奇石上题名留念。当然仅从这一件事来看,也颇值质疑,即赵明诚很少和李清照一同出游寻访碑刻金石,那么此番的经历,却没有见到李清照记录下来,或者只是相关的词作在流传过程中失传了?总之,尚不能确知。

但沿着政和元年(1111年)的这条线索往下考察,姑先叙述可以确定的大背景。

政和二年(1112年),蔡京复相。

政和三年(1113年),王安石追封舒王,这一年李清照三十岁。

在政和三年(1113年),李清照有一首诗对于我们理解她的那些闺怨色彩浓重的词作,可能会提供巨大的作用和不一样的路径。

即《分得知字》：

> 学语三十年，
> 缄口不求知。
> 谁遣好奇士，
> 相逢说项斯？

"三十"固然可能只是取整之数，但作于政和三年（1111年）或其前后应没有什么大问题。整首诗非常好理解，"项斯"是晚唐诗人，因此"谁遣好奇士，相逢说项斯"是自傲、自许的意味，认为"人之不吾知"，期盼着有名公巨擘宣扬、称道自己的文采。这当然是李清照自信满满的一面，但更重要的是，这透露出一个重要的信息。即在李清照三十岁左右，她还没有享有后来的那种诗词盛名。

其原因何在呢？实际上就在前两句里："学语三十年，缄口不求知。"原来，恐怕囿于当时李清照作为宰臣之家儿媳的身份，她不太方便将自己的诗词作品公然流传于外，尽管她内心充满了"叛逆"和自傲的想法，希望与历代词人一争高下〔李清照对诸多名家批评的《词论》也是这一时期，且很可能即政和三年（1111年）所作〕。所以她只能违心地说"不求知"，实则不是"不求"，而是"不能"。一则因为她是赵明诚之妻子，而赵氏家族为宰辅之家，于当时礼法，女子诗词流布于外，大非所宜；二则此前长期经历党籍之禁，作为李格非的女儿，李清照更须保持低调，不给父亲和赵氏家族添加麻烦。

那么，后人看到的李清照词是如何流传的呢？

大约和绝大多数女性词人一样，易安词最初应该是只在亲朋好友的小范围内流传,这属于礼法尚可以"模糊"和"权宜"的灰色地带,不至于被人过于说三道四。到南宋,至迟在高宗皇帝绍兴十六年(1146年),李清照六十三岁时,其易安词已流传颇广(这可能和其表妹夫秦桧独相以后的"照顾"有关),时人曾慥所编的《乐府雅词》便是在这一年成书,其中已收录易安词二十余首。这说明在此之前,李清照已获得了公开自己词作的"权利",其词作的流布,不再会被视为不合礼法。有理由相信,李清照的词作《漱玉集》之刊印发行,甚至可能还早于曾慥的《乐府雅词》之收录。

然而,在她年仅三十岁时,这种"权利"毕竟是她所不具备的,她也无法预料到,等自己天命、耳顺之年,将成为世所公认的一代词家宗师,其"女性"的身份不便将不再阻碍其诗词文章的公开雕版刊印。

在这一层逻辑下,我们可以推测出一个极其重要的信息。李清照的许多闺怨词里,恐怕也就必然包含了一部分确以她作为叙事主角,以其与赵明诚的情感为叙事内容的真实记录——因为她不曾想到,有一天这些词会流传在"合适的亲友圈"之外,成为城市文化大众的诗词读物。这些闺怨、闺情之诗词,当然有一部分应是李清照"闺体"幻境的文学虚构,但不能否认,也有一部分具备相当高的真实性,甚至可以作为后人研究李清照个人生活的依凭。

在政和三年(1113年)前后,李清照或许正是怀着"缄口不求知"的"怨气""不甘",来创作《词论》的,因而才把这种称雄于词林的野心,化作了对历代词家名辈的抨击、批判。

同样是《蕙风词话》卷四,在"易安居士小像"条下:

易安居士三十一岁小像立轴,藏诸城某氏。诸城,古东武,明诚乡里也。余与半塘各得摹本。易安手幽兰一枝,(半塘所藏,改画菊花。)右方政和甲午德父题辞:"清丽其词,端庄其品,归去来兮,真堪偕隐。"……易安别有"荼蘼春去"小影。

政和甲午即政和四年(1114年),是年李清照三十一岁。

"半塘"指晚清人王鹏运,他在《四印斋所刻词》中也有内容几乎一致的文字记录。王鹏运谓画轴摹本也是得自前文所说的王志修。按照《蕙风词话》的记载,假如此画轴和题词为真,那么至少在政和四年(1114年)左右,看起来赵明诚(字德父,或作德甫)对李清照仍是"情深意笃"的,所以才称赞妻子词作清丽脱俗,品性端庄,又深具渊明旨趣,是自己一生相伴的神仙眷侣,虽隐居亦乐在其中。只不过,如今有几位学者对画像衣装和宋代服饰存在差异有所质疑,这本《蕙风词话》也已是晚清、民国时人所作,故只能略备参考。

但想来,虽然在古代,女子三十岁已基本被视为过了生育的最佳年龄,因为当时人之平均寿命即远较现代人为短,可李清照作为权贵之家的儿媳,有更好的综合条件,丈夫赵明诚与她也确实是"情投意合"的伴侣,故而赵明诚在李清照三十岁左右时仍然能顶住可能存在的母亲郭氏给予的压力,和妻子保持甚好的夫妇感情,也是非常可能的事情。

不过我们必须承认,大体上李清照和赵明诚的婚姻生活,尤其是在青州屏居的这段十三年光阴里,其婚姻生活的细节、过程变化等问题对后世来说,还是"烟锁秦楼",充满谜团的。我们只能尽力地去寻找和拼凑蛛丝马迹,试图还原出一些可能的真相或秘密。

现在,我们要进入李清照研究里最有争议的一个问题,也是其一生中的一个最大的谜团,即她和赵明诚的婚姻感情是否发生过重大矛盾、裂痕,赵明诚是否曾纳妾,或者说有过类似纳妾的"天台之遇"?

有关赵明诚的"天台之遇"的疑问是从李清照《凤凰台上忆吹箫》这首词中所来,今全词引于下:

> 香冷金猊,被翻红浪,起来慵自梳头。任宝奁尘满,日上帘钩。生怕离怀别苦,多少事、欲说还休。新来瘦,非干病酒,不是悲秋。
>
> 休休,这回去也,千万遍阳关,也则难留。念武陵人远,烟锁秦楼。惟有楼前流水,应念我,终日凝眸。凝眸处,从今又添,一段新愁。

关于这首词可能的编年和实际指向的问题,存在许多不同意见和疑问,今先看何谓"天台之遇"。六朝《幽明录》记载了一个故事,说汉明帝永平五年(62年)时,有两个男子名刘晨、阮肇者,入天台山后迷路不得返回,由于在山间徘徊十三日,干粮吃光,只得到处寻觅食物,遂意外地"曲径通幽",来到一条神秘的溪流边,遇见两位"资质妙绝"的美女佳人。刘晨、阮肇在美人邀请下便随其还家,尽享美食佳肴之余,晚间又各与二人同宿。刘晨、阮肇住了半年才出山,可外间竟已是东晋太元八年(383年),过了三百多年!

因此,这个"天台之遇"说的乃是一个古怪的香艳故事,属于男子"艳遇"之谓。李清照词中对应"天台之遇"的是"念武陵人远,烟锁秦楼"。武陵人本指陶渊明《桃花源记》中的那位意外闯入"桃花源"的武陵渔夫,但后来的词家诗人也将"天台之遇"视作"天台桃花源",将二事混而言之,如唐人王之涣诗云:"晨、肇重来路已迷,碧桃花谢武陵溪。仙山目断无寻处,流水潺湲日渐西。"对于这种二典故混用,李清照当然是十分谙熟的。后来人们便疑心这个"天台之遇"的含蓄暗示,是否在指向赵明诚曾另有新欢?

许多的解读和推测都十分牵强,几乎可以让人放弃这种"无端"的揣测。然而,如果我们将另外的两首词与一首诗和这首《凤凰台上忆吹箫》共同比对参照,似乎就能发现一些可能的端倪了。

一是应当也作于青州屏居期间的一首《蝶恋花》:

> 暖雨和风初破冻,柳眼梅梢,已觉春心动。酒意诗情谁与共?泪融残粉花钿重。
> 乍试夹衫金缕缝,山枕斜欹,枕损钗头凤。独抱浓愁无好梦,夜阑犹剪灯花弄。

上阕开头的早春景致,是引惹良人远去的"起兴",然而随即便是"酒意诗情"无人相伴——诗酒皆是清照之所好,泪水花了妆容,连奢华的金缕大袖衫也无心穿着。反倒是象征着合欢之好的凤钗,竟因自己斜倚山枕,无心之下损坏了,这似乎是一种不祥的征兆。"独抱浓愁"而梦无好梦,这都似乎不是指向简单的离别相思,夜深之下,难以入睡的思妇只能空剪灯花。

这首《蝶恋花》究竟只是清照闺体的虚构之作,还是清照自身情感的写照呢?单独看的话,当然是完全不能确定的。

且再看第二首《蝶恋花》,即《蝶恋花·昌乐馆寄姊妹》:

泪揾征衣脂粉暖。四叠阳关,唱了千千遍。人道山长水又断。萧萧微雨闻孤馆。

惜别伤离方寸乱。忘了临行,酒盏深和浅。若有音书凭过雁,东莱不似蓬莱远。

这首词首先最重要的是其题目"昌乐馆寄姊妹",唯有确定了这一题目,才能明确,这不是闺体的虚构,而是李清照对自身情感经历的书写。首先,这首《蝶恋花》在南宋绍兴年间曾慥《乐府雅词》中即已全文收录,只是没有词牌名之外的题目,因此必定是李清照所作的词,这一点没有疑问。元朝刘应季的《事文类聚翰墨大全》也收录了这首《蝶恋花》,且题为《晚止昌乐馆寄姊妹》,只是没有写作者姓氏。明朝田艺衡与清朝周铭在他们的著作中,收录此首《蝶恋花》则谓"延安夫人"(北宋宰相苏颂之妹)作,题为《暂止乐昌馆寄姊妹》。明人郦琥、赵世杰的著作亦收录之,也作延安夫人词,题为《寄姊妹》。另清人叶申芗、林葆恒的著作都收录了该首《蝶恋花》,也以为是延安夫人作,题为《暂止东昌馆寄姊妹》。

按曾慥的《乐府雅词》之成书在绍兴十六年(1146年),当时李清照尚健在,后十年易安居士方逝世。曾慥在绍兴年间曾于行都临安任太府卿,已是从四品高级文臣,非普通乡野文士,应当对李清照流传在外的诗词非常了解,能够确定真伪,甚至不排除他能够与李清照直接接触等可能。所以,这首《蝶恋花》的作者绝非苏颂之妹延安夫人,而必定是易安居士李清照。此外,最关键的是其题目。我们看到了数个版本,如《晚止昌乐馆寄姊妹》《暂止乐昌馆寄姊妹》《寄姊妹》《暂止东昌馆寄姊妹》。可见,这首词乃是寄给姊妹之作,这是可以确定的,有疑问的是几个地名,即究竟是"昌乐馆""乐昌馆"还是"东昌馆"。

我们且先看所要引证的清照之诗《感怀》,题下有李清照自序(据《诗女史》),谓:

> 宣和辛丑八月十日到莱,独坐一室,平生所见,皆不在目前。几上有礼韵,因信手开之,约以所开为韵作诗。偶得"子"字,因以为韵,作感怀诗云。

宣和辛丑即宣和三年(1121年),是年赵明诚被起复,任为莱州知州。莱州与青州同在京东东路,而从李清照居住的青州前往莱州,一般要经过潍州的昌乐县。这样一来,基本可以确定,前首《蝶恋花》的创作时间应该就在宣和三年(1121年),且其题之主体应是"昌乐馆寄姊妹",至于"乐昌馆""东昌馆"显然是昌乐的讹误。

弄清楚这些,我们才能确定,这首《蝶恋花》是李清照写信将自己的情感苦闷向姊妹倾诉,而非她的闺体诗词的虚构创作。这样一来,这首词就具有非比寻常的"史料价值"了。

然后,当比较该《蝶恋花·昌乐馆寄姊妹》和《凤凰台上忆吹箫》时,会发现一个显著的共同点,即《蝶恋花》上阕与《凤凰台上忆吹箫》下阕中都出现了"阳关"离别的意境。"阳关"本不过是古送别之曲,一般以唐王维的"渭城朝雨浥轻尘,客舍青青柳色新。劝君更尽一杯酒,西出阳关无故人"为歌词,反复歌唱,于是称为"阳关三叠"。因此,诗人词家用"阳关"来表离别之情,也是平常之语,原是不值得特别注意的。但《蝶恋花·昌乐馆寄姊妹》中云"四叠阳关,唱了千千遍",《凤凰台上忆吹箫》则谓"千万遍阳关,也则难留"——两首之间

"千千遍""千万遍"显然是相照应的,甚至可以说,似确有所指,其语义之重,绝非一般的离别。并且,诗人词家也不曾有所谓千遍阳关、万遍阳关的用法,即便是百遍阳关,也不曾有人写过。"千千遍"阳关与"千万遍阳关"是李清照的首创,甚至可以说是独创,不能不令人重视,两处所指向的也许就是一件事。

《凤凰台上忆吹箫》谓"新来瘦,非干病酒,不是悲秋",其意思已很明确,近来的衣带渐宽不是因着酒,不是为了秋,而是为情。词中接下来又说"休休。这回去也,千万遍阳关,也则难留","休休"即"罢了、罢了"之义,是近于无奈之辞,而"千万遍阳关"让"这回去也"显得很不一般,如果只是寻常的出游寻访金石碑刻,何至于如此?何必说阳关至于千万遍,何必再强调此番的"也则难留"?"休休"里竟让人读出了一丝绝望。这样一来,"烟锁秦楼"的意味就明晰了不少。"秦楼"当是用《列仙传》中弄玉、萧史相爱的典故,而今言"烟锁秦楼",则她与赵明诚的爱情蒙上了阴霾也就解释得通了。又秦楼即凤凰台,其与"枕损钗头凤"似也有关联,凤凰多拟二姓之合欢,今凤钗已损、凤台锁烟,是则二姓之婚姻不睦,亦明也。

《蝶恋花·昌乐馆寄姊妹》则更加意味深长和口吻明显。上阕首云"泪揾征衣",若即普通的赴莱州官衙之行,与丈夫赵明诚团聚,何必落泪如此,要用衣服去擦拭?反过来想,何以赵明诚不在赴任时即带着李清照一同去往莱州呢?这里面必然另有隐情,这才是"泪揾征衣"的原因。或云,这首词既然是李清照写给姊妹的,其离别之情是否是对姊妹的思念呢?细看整首词,固然有一定的对姊妹之不舍,但主要的情感应是向姊妹倾诉自己对丈夫赵明诚的思念。明白了这一点,就能见出词中一语双关的句子含义。"四叠阳关,唱了千千遍",

不只是说难舍青州的姊妹,更是向其诉说,丈夫离去时,李清照的万般挽留。其后又云"方寸乱",寻常与姊妹的分别、丈夫因仕宦赴任的暂别,何至于"方寸乱"?

结尾"若有音书凭过雁,东莱不似蓬莱远"表面上好像是说希望和姊妹们保持书信联络,切勿彼此相忘。但这里若作一语双关的理解,李清照是否在说,莱州与青州很近,丈夫不应如在海外的蓬莱仙山一般,咫尺天涯而拒人千里之外?赵明诚到了莱州后为何不写信回来?——这是否是李清照在此处的埋怨呢?蓬莱在对照莱州之外,是否还暗指类似天台之遇里遇"仙女"的事呢?

按宣和三年(1131年)李清照已经三十八岁。她和赵明诚没有孩子,赵明诚如果迫于母亲郭氏命其纳妾的压力,并不是毫无可能的。

且再看《金石录后序》提到后来赵明诚去世时,"取笔作诗,绝笔而终,殊无分香卖履之意"。"分香卖履"是曹操临终的典故,谓曹操大限将至时吩咐说:"余香可分与诸夫人。诸舍中无所为,学作履组卖也。"因此后世将"分香卖履"用来指代男子去世时给妻子和妾室分配遗产。或云,李清照有此语,当可证赵明诚有妾室。这当然是站不住脚的简单推论。但"殊无分香卖履之意"确实有问题,细读之下,觉近似欲盖弥彰了。李清照既然说"无分香卖履",即指无妾室。然若果无妾室,何必道此?岂非多此一举?李清照此句,确实像是在给亡夫赵明诚的生平,特别他们二人的婚姻生活做一个修正和盖棺定论,即赵明诚"不曾纳妾",自己和丈夫的感情始终没有"第三者",乃是完美无瑕的。不过,若明诚果有妾室,当时之人,必有知之者。而李清照文字之妙,已臻化境,此句亦可解读为:虽有诸夫人(妾室),然明诚无遗嘱分家财之意,则时人知之者读《金石录》,亦不至于谓清照讳言亡夫纳妾事。

李清照至莱州后，写下一首《感怀》，前文已引其自序，今附全诗于下：

> 寒窗败几无书史，公路可怜合至此。
> 青州从事孔方君，终日纷纷喜生事。
> 作诗谢绝聊闭门，燕寝凝香有佳思。
> 静中我乃得至交，乌有先生子虚子。

按宣和三年（1131年）时赵明诚至莱州任知州，是地方上的长官，于情于理，不至于官衙廨舍"寒窗败几"，萧条至于此。唯可能的是，这是李清照主观感受下的萧条破败，即其心情极其低落方致如此。既然已到莱州与丈夫团聚，又为何情绪低落呢？

我们可以发现，自上述所引的第一首《蝶恋花》"泪融残粉""枕损钗头凤""独抱浓愁无好梦"到《凤凰台上忆吹箫》"休休，这回去也，千万遍阳关，也则难留。念武陵人远，烟锁秦楼"，乃至此后一首《蝶恋花·昌乐馆寄姊妹》"四叠阳关，唱了千千遍。人道山长水又断""惜别伤离方寸乱""东莱不似蓬莱远"，最后即《感怀》中的情绪——这几首之间的情感线索是非常明确和连贯的，尤其是后面三首不断加深的悲戚、绝望。

因此，或许不得不推断，在李清照三十八岁时，赵明诚很可能已经有一个妾室，且因而多少冷落了李清照，每令其孤枕难眠、独守空闺，甚至在赴任莱州时，起初并没有带李清照去，将她留在青州，而是带了妾室前往。这就是她千遍阳关、万遍阳关的原因。

《感怀》诗里第二句的"公路"也是有争议的，一说是李清照以穷途末路的袁术(字公路)自比；一说为借《诗经·魏风·汾沮洳》中"殊异乎公路"所指的官宦贵族子弟指赵明诚。看来，似李清照自比的可能性大一些。另外，赵挺之罢相去世前的政治盟友，执政刘逵也是字"公路"，而刘逵也已在数年前死去。据说，后来蔡京复相，曾感慨"(刘)逵白骨已久，而我犹享荣禄"。当时，赵挺之、刘逵先后的失败和病故，应当是朝野间众所瞩目与唏嘘的事情。总而言之，诗的头两句应当就是李清照表达一种绝望甚至心如死灰的感受。因为她到了莱州官衙廨舍，赵明诚却仍是几乎不闻不问。何以知道呢？后两句说"青州从事孔方君，终日纷纷喜生事"，"青州从事"用《世说新语》典，所谓美酒称"青州从事"，劣酒称"平原督邮"，孔方君自是谓外圆内方的宋代铜钱。这便是说，丈夫赵明诚作为一州长官，忙于公私宴会，又要管理一州民政财政等事，李清照自然只能"作诗谢绝聊闭门，燕寝凝香有佳思"——她是只能闭门独居，苦中作乐，以诗词自娱了。因此她最后说，在一个人的静默里，结交了两个至交好友：乌有先生与子虚子。而所谓的"乌有先生""子虚子"，都不过是汉代司马相如《子虚赋》中的虚构人物，历史中实无此二人，这也是成语"子虚乌有"的来历。

李清照初到莱州的孤寂、绝望与悲凉、可怜，竟至于此。她已不得不幻想有志同道合的友人能陪伴左右，排遣自己被丈夫冷落的深深寂寞。

当然，我们最后要明确的是，这毕竟是基于上述诸多材料的一个推测，李清照在青州屏居的十三年生活，毕竟如"烟锁秦楼"，是一个谜。

第九章
晓梦随疏钟

  青州屏居的十三年和此后随丈夫赵明诚"连守两郡"的六年光阴里,是属于李清照最后的"晓梦"时间。彼时的大宋如烈火烹油、繁花似锦,"丰亨豫大"的政治语境打造了一个内则崇尚豪奢,外则"鞭笞四夷"的所谓"盛世"。李清照不会知道,也没有人知道"盛世"会轰然崩塌,而在大时代的巨浪面前,易安居士的个人诗词、金石的"田园牧歌式"生活,当然也会化为乌有。人所共以为的开始,不曾逆料,竟是一个结束。

  且让我们回到李清照"晓梦"般,她以为不会结束、正在开始的美好生活里。

  大约在政和三年(1113年),王安石被追封舒王的这一年,李清照创作了一篇非常重要的词学评论文章,即《词论》,今择其要者如下:

> 乐府声诗并著,最盛于唐。开元、天宝间,有李八郎者,能歌擅天下。……自后郑、卫之声日炽,流靡之变日烦。已有《菩萨蛮》《春光好》《莎鸡子》《更漏子》《浣溪沙》《梦江南》《渔父》等词,不可遍举。五代干戈,四海瓜分豆剖,斯文道息。独江南李氏

君臣尚文雅,故有"小楼吹彻玉笙寒""吹皱一池春水"之词。语虽奇甚,所谓"亡国之音哀以思"也。逮至本朝,礼乐文武大备。又涵养百余年,始有柳屯田永者,变旧声,作新声,出《乐章集》,大得声称于世,虽协音律,而词语尘下。又有张子野、宋子京兄弟,沈唐、元绛、晁次膺辈继出,虽时时有妙语,而破碎何足名家!至晏元献、欧阳永叔、苏子瞻,学际天人,作为小歌词,直如酌蠡水于大海,然皆句读不葺之诗尔,又往往不协音律。何耶?盖诗文分平侧,而歌词分五音,又分五声,又分六律,又分清浊轻重。且如近世所谓《声声慢》《雨中花》《喜迁莺》,既押平声韵,又押入声韵;《玉楼春》本押平声韵,又押上去声韵,又押入声。本押仄声韵,如押上声则协;如押入声,则不可歌矣。王介甫、曾子固,文章似西汉,若作一小歌词,则人必绝倒,不可读也。乃知词别是一家,知之者少。后晏叔原、贺方回、秦少游、黄鲁直出,始能知之。又晏苦无铺叙,贺苦少重典。秦即专主情致,而少故实,譬如贫家美女,虽极妍丽丰逸,而终乏富贵态。黄即尚故实,而多疵病,譬如良玉有瑕,价自减半矣。

这篇《词论》的创作时间显然在宋室南渡以前,因此文中一位南宋词家都没有被提到。然而北宋末最为著名的周邦彦也缺席无踪,这就说明李清照创作《词论》的时间当在周邦彦词名扬之于朝野以前。而周邦彦词名始盛,人所能知者,是在其提举徽宗的"礼乐面子工程"大晟府之后,其提举大晟府的时间,大约在政和六年(1116年,或为与杨戬同时的"同提举大晟府"),所以《词论》也就没有涉及周邦彦,以清照尚不知、不熟悉周邦彦词作如何也。而文中提到的另一位"晁次膺"(晁端礼),其为大晟府协律郎,事在政和三年(1113年)。晁端礼在神宗朝元丰七年(1084年)莘县知县任上被"追三官、勒停,千里外编管",此后罢废三十年,直到政和三年(1113年)才因蔡京举荐入宫为徽宗填词,于是被除为大晟府协律。这样想来,《词论》的创作时间便不应早于政和三年(1113年),因为此前李清照要远在青州而能听闻晁端礼的词名并熟悉其词,看来可能性也不大。

更重要的是,我们能在《词论》中看到一个无比自信的李清照。她在词学上自许天下之一流,而逐一数落前辈名家之种种"弊端""不足",倒是有点像杜甫"气劘屈贾垒,目短曹刘墙"的味道。她说五代时,唯南唐李璟、李煜父子和冯延巳等君臣,颇擅填词,用语也算新奇,但却是亡国之音,算来是落下乘了;而本朝礼乐大盛,词之道确实蓬勃发展,仁宗朝出了个"奉旨填词"的柳三变(柳永),对词的创新确有很大的贡献,也被世人称道,只是格调不高,词语俚俗;至于张先、宋祁、宋庠、沈唐、元绛、晁端礼等辈,不过是偶有妙语,哪里算得上名家?

以上李清照批评的词人,除了南唐后主李煜和柳永外,如今的普通读者已多不熟悉,但接下来她要指摘的人可几乎都是大名鼎鼎于当时和后世者。李清照接着乃又说,晏殊、欧阳修、苏轼三人,固然是学问通天,他们填点小词,犹如在其汪洋大海中取一小瓢水,游戏为之,但严格来说,三人之词都是"以诗为词",所以写出来的词,尽是些相当于"断句不齐的诗",又多有与所填之词本身的音律不协调的问题。言下之意,虽高才如晏殊、欧阳修、苏轼,但在词之道上,仍非正宗。再如王安石、曾巩(唐宋八大家),虽二人文章有西汉之风,巍巍然古文之宗师,但他们的词只能让人读来笑到前俯后仰,几乎绝倒,以其实不可读。

李清照所稍肯定者,乃是晏几道、贺铸、秦观和黄庭坚之词。但她对这四人亦有批评,以为晏几道之词无铺叙,过于直白;贺铸短于用典故入词;秦观则作词过于局限题材,多写风月情致、男女爱恋;黄庭坚词典故虽多,却已成其病,近于魔障了……

政和三年(1113年)时李清照三十岁。便如前一章《分得知字》云"学语三十年,缄口不求知",既然《词论》的创作时间不会早于周邦彦提举大晟府,是以总的来说李清照写这篇批评文章时的年龄还是很年轻的。她在创作时,或许未必想过这篇文章有一天会流布于外,因而在用语上也就非常辛辣大胆了。但尽管如此,她却没有丝毫一语提及和批评与苏黄等人同时代的词家名人晁补之,或许在清照少年时期,由于父亲李格非和晁补之的交谊,后者确实曾指点过她诗词之学,那么以古人的观念,为人徒弟、门生者,当然不能随便评价乃至非议自己的老师。

在《词论》里,我们可以看到李清照在文学创作上的野心,这种野心也伴随着她舍我其谁的倜傥自信。即便是在唐宋,女子之能如此,也是极不容易的。最值得赞叹的是,李清照并非年少轻狂的无知,她后来果真成了宋词领域无可争议的一代宗师,睥睨多少名家与群英!

不过,就在此后不久,政和五年(1115年),对中原宋人来说极北之地的白山黑水间,女真族领袖完颜阿骨打(完颜旻)已经正式称帝,定国号为金。这位在"头鱼宴"上作为臣属部落酋长,却不肯为辽国契丹皇帝跳舞的部族领袖,在起兵反辽以后,于宁江州、出河店等战役接连告捷,遂终于在麾下不断劝进中践祚登极,正皇帝之位。这距离阿骨打举兵反辽,才不过一年。但在这时,无论是遥远的东京城的宋朝君臣,还是辽国契丹的统治者们,都不知道,这个以弹丸之地和区区数万部众起家的女真,其"大金"风暴的雷鸣电闪、血雨狂歌,都才刚刚开始。而这头蛰伏在极北之地的烛龙,今已苏醒,它要吞噬的,是曾被人视为庞然大物的北朝辽国和南朝大宋。

从后来的历史来看,讽刺的是,这一年正是钦宗赵桓被立为太子,成为嗣君的一年。

政和七年(1117年),徽宗赵佶荒唐地自册为"教主道君皇帝",这当然和他崇信道教,奢望长生的愚昧幻想有关,两年后,他甚至改佛号为"大觉金仙",更变乱僧尼名称(比丘为德士、比丘尼为女德)。以事后诸葛亮而度之,赵佶以凡人之身,妄改佛号、变乱僧团,都是严重的"谤佛"类行径,其所造"恶业"之重,大约也就应了后来的"二圣播迁""身死国灭"?

且说回李清照与赵明诚二人。政和七年(1117年)时,凝聚夫妇二人心血的《金石录》终于初成,前旧党宰相刘挚之子刘跂为《金石录》作序。刘挚正是当年提拔赵挺之的"恩公",虽然后来赵挺之屡换门庭,还参与了对旧党的迫害,但大约如文及甫与赵明诚的交谊,刘跂作为金石爱好者,也对喜好苏黄的赵明诚观感甚佳,于是乃成友人,不复计较父辈的恩恩怨怨了。

赵明诚还提笔为《金石录》作了自序,从这自序中便能清楚知晓,他撰写《金石录》的缘起,乃是因为读了欧阳修的《集古录》,所谓:

> 余自少小,喜从当世学士、大夫访问前代金石刻词,以广异闻。后得欧阳文忠公《集古录》,读而贤之。以为是正讹谬,有功于后学甚大。惜其尚有漏落,又无岁月先后之次,思欲广而成书,以传学者。于是益访求藏畜,凡二十年而后粗备。上自三代,下讫隋唐五季,内自京师,达于四方遐邦绝域,夷狄所传……

赵明诚在其中的自得之情是不难见到的。

欧阳修作为一代文宗,他的学问之广博,在苏轼之前,大概有宋一代罕有其匹。而《集古录》不过是欧阳修治学的浩瀚宇宙里小小的一颗星宿而已,但已开了用金石考证历史的先河。欧阳修作为宋代"疑古"思潮的领军人物之一,对儒家经典和汉儒的注疏传解多有独到的看法,因此从金石入手去寻找考据的蛛丝马迹,以纠正缺漏讹误,这在史学上当有非凡意义。

这一点也极大地影响到了赵明诚。李清照在《金石录后序》中说:

> 凡见于金石刻者二千卷,皆是正讹谬,去取褒贬,上足以合圣人之道,下足以订史氏之失者,皆载之,可谓多矣。

《金石录》既是赵明诚和李清照二人的心血,也是风雅大宋文化造极于千年之前的一个剪影,然而,不论是他们收藏的金石碑刻也好,赵宋一百六十年人杰地灵的气运也罢,都将被来自北方的女真人所吞噬。无奈的是,此时的两人与东京的君臣,尚一无所知。

重和元年(1118年),安州孝感县发现了六件古器,有方鼎三、圆鼎二、甗一,赵明诚以为当商末或周初之器(实际确为西周),他自然也写进了《金石录》里。后来,北宋朝廷武断地定为商代之物,乃以之为国宝。当时,安州六器由老公相蔡京(以太师任宰相)代表政府向徽宗进献,这成了丰亨豫大的盛世的又一铁证,毕竟若非官家圣德感天动地,怎么就地里能出现数千年前的器物呢?而有一天,北宋也会像这六件古器一样被埋进泥土之下,成为青史黑字的一段书写。从没有过千年、万年的王朝,只是皇帝赵佶和太师蔡京不会想到,在他们这一代就会见证宗庙隳颓、社稷颠覆的所谓灭亡之事。

就在安州六器进献的次年,即宣和二年(1120年),对辽国在崛起的女真人面前节节败退一事,徽宗竟感到收复燕云的机会来了,他派出使臣从登州渡海前往辽东,将要与金人约定南北夹攻契丹,这就是有名的"海上之盟"。同年十月,不堪花石纲对地方的骚扰、盘剥,方腊起义爆发,至年底已经攻陷杭州等地。而宣和三年(1121年),有名的《水浒传》这一故事的主角,呼保义宋江正流窜于京东、河北等地。"盛世"的烽烟已然悄悄四起。

这不能不让人想到赵明诚、李清照在《金石录》中借古讽今的一笔。《金石录》卷二十九《唐宜兴县重修茶舍记》有跋文:

> 右唐义兴县新修茶舍记云:义兴贡茶非旧也,前此,故御史大夫李栖筠实典是邦,山僧有献佳茗者,会客尝之。野人陆羽以为芬香甘辣冠于他境,可荐于上。栖筠从之,始进万两。此其滥觞也。厥后因之,征献浸广,遂为任土之贡,与常赋之邦侔矣。每岁选匠征夫至二千余人云。余尝谓后世士大夫,区区以口腹玩好之献为爱君,此与宦官、宫妾之见无异,而其贻患百姓,有不可胜言者。如贡茶,至末事也,而调发之扰犹如此,况其甚者乎?……书之可为后来之戒!

今人熟悉的宜兴红茶,所谓苏红之名品,原来是出自李唐。方山中僧人献茶,而"茶圣"陆羽以为甚佳,足可作为贡茶献天子,地方长官李栖筠便进献万两宜兴之茶。此后贡茶竟成为犹如当地"常赋"的百姓负担,每年须差选茶匠、送茶征夫凡两千余人!赵明诚与李清照在《金石录》中说,后世士大夫官员,用这类口腹享乐的东西献给皇帝,以之为忠爱君父,不也是和左右的宦官阉竖、妃嫔姬妾一般见识吗?而一旦开了这个口子,上有所好,下必效之,不知会祸害百姓到何种程度!

显然,《金石录》要说的还不是贡茶之事,正如"书之可为后来之戒"这句话所暗示的那样,当今时局,朱勔置局于苏州之府城,舳舻相连于淮、汴之河上,尽取东南奇珍,号为花石之纲……其为祸地方至于鸡犬、耗竭民财物力近于攘夺,终于是官逼民反。

不过,就在宣和三年(1121年),赵明诚终于得到了起复,已往莱州担任知州。其实自其亡父赵挺之被恢复生前官、职和死后赠官等荣誉后,赵家子弟陆续得到起复,如兄长赵思诚甚至做到了中书舍人的两制高官。十六年前的崇宁四年(1105年),赵明诚便担任过鸿胪少卿,如今任一州牧守,也不算是缺乏资格了,当然,赵家子弟眼下的仕宦,主要还是得益于赵挺之曾"首倡继述",又贵为宰相的余荫。毕竟在去年,前新党宰臣蔡确甚至被追封为汝南郡王,盛世之下,不宜再对过往聊有勋劳的大臣及其子弟"喊打喊杀",还是要咸加恩恤,以彰圣德的。

这就回到了我们在上一章的时间线上,即所谓赵明诚"天台之遇"的可能性,以及李清照前往莱州前后几首诗词的谜团。

从此年清照所作的《晓梦》一诗来看,似乎她抵达莱州官衙廨舍后,经过一段时间,(虽然不能知晓又发生了什么)李清照已经与赵明诚恢复了感情,大约和好如初了。且看这一首《晓梦》:

晓梦随疏钟,飘然蹑云霞。因缘安期生,邂逅萼绿华。
秋风正无赖,吹尽玉井花。共看藕如船,同食枣如瓜。

翩翩座上客，意妙语亦佳。嘲辞斗诡辩，活火分新茶。
虽非助帝功，其乐莫可涯。人生能如此，何必归故家？
起来敛衣坐，掩耳厌喧哗。心知不可见，念念犹咨嗟。

这显然是一首游仙诗。何以说从这首诗来看，二人的关系应当已经改善了呢？据《金石录》卷二十一："右后魏郑羲碑：魏史列传与此碑皆云，羲，荥阳开封人……而碑乃在今莱州南山上，磨崖刻之。盖道昭尝为光州刺史，即今莱州也，故刻其父碑于兹山。余守是州，尝与僚属登山，徘徊碑下久之。"

原来，在莱州没多久，赵明诚就带着衙门里一众僚属去寻访当地的碑刻，而莱州南山之上正有南北朝时北魏大臣郑羲的石碑。碑刻是其子郑道昭为父而立，这个郑道昭除了做官以外，更是北朝有名的诗人。郑道昭有一首《观海童诗》（"山游悦遥赏，观沧眺白沙……秦皇非徒驾，汉武岂空嗟。"），和李清照的《晓梦》一比较，就会发现李清照完全是和其韵而作，基本都是在一个韵部，属于依韵。这就表明，李清照当时参与了和赵明诚共同赏玩"后魏郑羲碑"的过程，大约是赵明诚回到官衙廨舍之后，夫妇二人研究讨论之类。假如不是心情甚佳，李清照怎么会有心思依韵和郑道昭之诗呢？可见，她和赵明诚的感情毕竟是重归于好了。这亦无甚奇怪，对赵明诚而言，世间还有能比得上李清照这样和自己情投意合、志趣相近的人生伴侣吗？

至于《晓梦》这首诗本身，当然说的是虚幻的游仙之事。据说，安期生是神秘的河上丈人（即河上公，曾为《道德经》作注）之徒，《列仙传》说他在东海边卖药，人以为其有千岁，而秦始皇东游，请与其相见，后约始皇帝在蓬莱仙山相见。萼绿华则指东晋时一青衣"仙女"，或云已九百岁,而容貌二十上下,降羊权之家,赠其"尸解"之药。诗中描绘的宴会景象,看似皆秦汉、魏晋以来神仙方士之事,但细细读来,颇有一种李清照以游仙诗来写她与赵明诚夫妇二人"理想生活"的味道。"虽非助帝功,其乐莫可涯"与《金石录后序》中所说的"自谓葛天氏之民"其实是一个意思。李清照幻想她和赵明诚理想的"二人世界"之"世外桃源"永不被打扰和破坏,但她终究知道晓梦易醒,人世间有太多的无奈,如今她的丈夫重回宦海,再要回到二人隐逸般的生活里去,真不知是几时了!

疏钟阵阵,不只是方外之音,竟也如某种征兆,在敲响清照这样的个人与大宋天下的劫难之声。然而初闻之际,在李清照也只听到了情爱的美好,在东京城也只见到了"盛世"的奢遮无尽。世人毕竟不能知晓,业业相续从来不会缺席,帝王将相会兴起与覆灭,众生的共报到来时,虽天地之大,却是不分贵贱、无处可逃的。

到宣和四年(1122年),女真铁骑已经攻破了辽国的中京。徽宗命宦官童贯(当时已经任"领枢密院事")出为河北、河东宣抚使,准备按照"海上之盟"的约定,摆出北伐辽国的态势,其目的是试图迫使契丹在恐惧之下,直接将燕云十六州献予宋朝。然而可笑的是,宋军刚到边界白沟河一带,就遭到统兵的辽国大将耶律大石的迎头痛击,童贯的十万天兵乃寸土尺壤不能得,班师撤退了。

到初秋七月,得知了"辽有二日"中的"天锡皇帝"耶律淳驾崩(后世称北辽,当时原本的辽国皇帝天祚帝耶律延禧已出奔)后,徽宗又觉得此乃用兵之机,于是再命童贯北伐。起初北地辽将倒是接连投降,然而攻打燕京时,由于后来所谓的南宋"中兴四大将"之一刘光世临战怯敌,未能如期应援,导致已攻入城内的宋军陷入不利情势,高世宣等将战死,北地降将郭药师从城墙上靠着绳索才逃出生天。北宋一方只能邀请金人来帮忙,年底,金军攻克燕京,摄政的萧妃亦出奔,实际上辽国已然灭亡(耶律大石后来又建有流亡的"西辽")。

是年除夕之夜,赵明诚与李清照在莱州的官衙廨舍内迎接新年。赵明诚再次题写欧阳修《集古录》的跋尾,他写道:

壬寅岁除日,于东莱郡宴堂重观旧题,不觉怅然,时年四十有三矣。

人生如寄,浮生若梦,为欢者几何?有时候,最惆怅者莫过于还没弄懂自己,弄懂怎生活法,却已经老了。这一年,李清照三十九岁。

宣和五年(1123年),金国将燕云十六州"卖"给了南面的大宋。原本攻占燕京后,金国责问徽宗君臣,既然"海上之盟"约定南北夹击辽人,如何在燕京城下,竟然"并不见一人一骑",言下之意,尔宋人无信,且军事上无能也!于是,徽宗只好花钱解决问题。宋与金乃议定,除原本商定的将宋每年给辽的岁币转纳金国,更再添加一百万贯钱作为代税费用给到金人。宣和五年(1123年)的初夏四月,童贯便终于大摇大摆地率领大宋天兵、天将进入燕京城。这下宋徽宗赵佶欣喜若狂。他终于完成了太祖、太宗皇帝不曾实现的功业,完成了神宗、哲宗父兄梦寐以求的"恢复汉唐旧疆",眼下金瓯得全,文治武功臻于极盛,这位道君皇帝自然要认为他是赵宋最伟大的皇帝了。

按照李清照在《金石录后序》中所说,《金石录》虽初成于政和七年(1117年),但赵明诚仍时时增补与校勘,即便在莱州官衙廨舍之内亦如此。

《后序》云：

> 因忆侯在东莱静治堂，装卷初就，芸签缥带，束十卷作一帙。每日晚吏散，辄校勘二卷，跋题一卷。

看来，赵明诚在忙完公务放衙之后，仍是最当心《金石录》一书。他抚摸着装订成册的爱作，想必夫人李清照则在一旁为之红袖添香，每晚必校勘、题跋，最后两千卷中，有题跋者就达到五百零二卷！

这一年，夫妇二人还得到了珍贵的《齐钟铭》。当时，青州临淄县有百姓耕地时挖掘出了古代器物数十件之多，其中有十几口钟，上有铭文，最多者达五百字。其铭文包含"余一人""齐侯"等字样，显然是周天子所赐齐国国君的礼器。

然而，齐国已作灰土。秦之灭齐，正先举燕而南下，如今北地吞并了辽国的女真人再不是受奴役的弱小部族，而是庞然大物了，已成"大金帝国"。

可能正是在宣和六年（1124年）早春，李清照填了一首《殢人娇》：

> 玉瘦香浓，檀深雪散，今年恨探梅又晚。江楼楚馆，云间水远。清昼永，凭栏翠帘低卷。
>
> 坐上客来，尊中酒满，歌声共水流云断。南枝可插，更须频剪，莫直待、西楼数声羌管。

花密香浓的檀香白梅在早春里已渐渐凋谢，徒令人感叹赏梅又晚了时节。闻说江南亦有赏梅的好去处，且不知凭栏卷帘，静看江岸边的梅花,在水云间可是如日头渐长的白昼一般,仿佛能久远地盛开?

李清照在词中似暗有所指。到了下阕,见宾客燕饮,放歌纵乐,却忽云"南枝可插,更须频剪"。人云"南枝向暖北枝寒",更言"南枝落,北枝开"——这一切仿佛是李清照得自春神的谶言,借小词而道之于外。北地的寒风里大约藏着吞吐日月阴阳的烛龙吧!因此,结尾才说"莫直待、西楼数声羌管"——这似乎是清照在担心已经崛起的金国还会对南面更富庶的大宋也垂涎三尺、虎视眈眈呢!

讽刺的是,朝廷正觉着"威加海内""鞭笞四夷",在秋八月大赦天下,表示对收复燕云的庆贺。

是年,赵明诚在莱州知州三年任满,新的调任令其移知淄州。淄州和莱州一样,仍在京东东路,这也就是《金石录后序》中说的"连守两郡"。此番,赵明诚当是携夫人李清照一同前往赴任的。

抵达淄州后不久,便是宣和七年(1125 年)了。这是一个特殊的年份。因为它后面的年号,叫靖康。

赵明诚到了淄州后又是要寻访金石碑刻,他作为一州的长官,自有僚属、胥吏等好事者逢迎,于是迎其往官衙中一处破败廨舍内。赵明诚一看,里头的碑刻竟然是唐朝李邕所撰书!这可真是如何的宝物呢!原来,这碑叫开元寺碑,本在佛寺内,后来才被人移置于州廨。赵明诚赶紧令官衙内的差役将碑刻迁移别室厢房之内,又令制作木栏杆围碑刻以善加保护。

想来,李清照与赵明诚夫妇都曾屡屡端详李邕的铁画银钩,遥想那大唐开元盛世之繁华迷醉,然而,"君不见李北海,英风豪气今何在",开元之后就是天宝,渔阳鼙鼓动地来,盛世梦碎,国运急转直下……那眼下的大宋,难道不是如此吗?

此年二月,金国名将完颜娄室活捉辽国天祚帝,契丹人建立的大辽帝国终于在形式上和实质上都灭亡了(西辽已不能被视作原本意义上的辽国)。

初冬十月,赵明诚的妹婿吏部员外郎傅察出为"接伴金国贺正旦使"。这是因为当时宋金因"海上之盟"和后来的约定,成了有盟约的"与国",等于是新的北朝、南朝之"敌国"(对等之国),故而就像过去宋辽之间会互相遣使祝贺新年正旦乃至帝王生辰等,这类外交礼仪也在宋金邦交中延续下来。

可赵明诚的妹婿傅察所不知道的是,此年十月继位的金太宗完颜吴乞买(完颜晟)已下诏攻宋,且兵分数路,来势汹汹。十一月走到燕山,傅察终于听闻了金军点兵入侵的消息,他不听同行之人的劝告,以为不可中途逃跑而令国体受辱,遂继续前行。到下旬,至于蓟州,停留数日后,金军铁骑抵达,将傅察带去见了西路金军统帅完颜斡离不(完颜宗望),其左右逼傅察跪拜,傅察在白刃如林的情形下,不愿屈服,乃遇害。

隆冬十二月,在完颜斡离不(完颜宗望)、完颜粘罕(完颜宗翰)两路大军入侵的情况下,原本的北地降将郭药师叛变投降,而北方包括燕云诸州在内顷刻间都沦陷于女真铁蹄之下。

徽宗的办法竟是禅位给太子赵桓(宋钦宗),自己则准备南下"出狩",也就是逃跑避难。这一切真是像极了安禄山过黄河,而玄宗李隆基仓皇辞庙,出奔蜀中。

便如后来陆游回忆所说的那样,"宣和七年冬十月,犹是中原无事时"。

热闹的狂欢戛然而止。人们毫无准备。

此后,便是深渊和地狱。

第十章
南游尚觉吴江冷

靖康元年(1126年),缺乏攻城武器的金军未能攻陷中山府与真定府,但女真骑士已看穿了北宋的军事腐化,他们绕过这两座河北的军事重镇,大犯兵家忌讳地直接南下,遂如摧枯拉朽,连陷信德府、相州、浚州,于正月初六(壬申)渡过黄河。

当是时,金军并无任何舰船,只寻得渡口小船十余只,每只仅能容纳五七个人而已,又拼命搜索大船,才终于能将马匹运到黄河对岸,花了整整六天方渡河完毕。金军相顾嗟叹:南朝真无人也,若有一二千人,击我半渡,当如何?

可金人敢于这样随意渡河的原因,就是他们深知,宋朝的富庶、幅员的辽阔都只是一个纸糊的架子,一戳就破,根本不用担心那些被辽军打得满地找牙的宋人会来阻击渡河。

道君皇帝徽宗赵佶在知道金军抵达黄河北岸后,他没有丝毫"天子守国门"的决心,反正皇位已禅让给儿子钦宗赵桓,且溜之大吉,走为上策吧!于是太上皇在正月初三(己巳)夜,乃带着亲信夜间御龙舟出通津门,这东京城便交给官家吧!他甚至比金军渡河还早了三天。

过了河,女真铁骑奔袭极速,只花了一天就进入京畿地区,是日正月初七（癸酉）。斡离不的兵马屯于牟驼冈,此地是宋朝天驷监所在,属于牧马监下属衙署,见到"刍豆山积"之景,金军无不喜笑颜开,其战马可以饱腹了！当夜,女真大军即遣先头部队进攻汴梁开封大城的宣泽门。大宋首都东京城一百六十年来,第一次遭到了围城。

这时节,李清照与赵明诚在淄州,渐渐也听到了东京被围的噩耗。二人在淄州的官衙廨舍里,大约也是相顾叹息,尚能如何呢？

《金石录后序》中云：

> 至靖康丙午岁,侯守淄川,闻金寇犯京师,四顾茫然,盈箱溢箧,且恋恋,且怅怅,知其必不为己物矣。

丙午即指靖康元年（1126年）。当时任淄州知州的赵明诚也终于得知了金军正在攻打汴京。他和妻子李清照看着带来淄州的各种金石碑刻、古玩收藏乃至珍贵古籍、善本等,顿感眷恋不舍、惆怅无奈。因为赵明诚很清楚,在兵燹荼毒之下,加之匪寇必四起,眼前堆满"静治堂"的这无数藏品,恐怕是要丧失殆尽,十之不存一二了。从这段叙述来看,似乎赵明诚对时局是非常悲观的,竟然对东京城的城防没有信心,而汴梁大城可能是当时世界上最雄伟坚固的帝国首都了。或许赵明诚所担心的还不是东京城,而是城里的衮衮诸公。

事实最终证明,这些担心并非杞人忧天。正月间,决策层里已经有了割地赔款的谋划,希望用土地和金帛换取女真铁骑的退兵。而实际上,西北的勤王兵马已经渐渐集结到京师。正月二十七日（癸巳）,李邦彦、吴敏、李纲等宰执大臣以及种师道、姚平仲等西军将帅在大内福宁殿面圣,李纲已经向钦宗明言,金军其实不过六万人,其中大半又是原本辽国投降的契丹人、奚人、渤海人所组成的仆从军,而今勤王之师集城下者二十余万,金人孤军深入,屯兵坚城之下,随着时间推移,形势是有利于大宋的。此后,种师道也趁入对的机会,进言和议之非,认为不能割让数镇要害州府,何况京城四围八十余里,这样当世无双的巨城,金军才六万人,如何能真的围城?城墙高数十丈,城内粮草可支数年,不知有何可惧?在与主和的宰相李邦彦辩论时,种师道也以老帅的经验指出:"凡战与守,自是两事,战不足,守则有余,京师数百万众,尽皆兵也。"

李纲原本建议,将勤王大军分兵扼守北方关隘、黄河渡口,绝金军粮道,禁其劫掠以补给,而京师则坚壁清野,持重固守,不要轻易出战,时间一长,金军粮尽,自然退去,届时"复三镇,纵其归,中渡击之,此必胜之计也"。

极其可笑的是,二十七岁的钦宗赵桓大约因为恐惧金人而缺乏必要的耐心,不能以沉着冷静应对,竟绕过两府宰执和西军统帅种师道,而直接密令西军将领姚平仲于二月初一朔日(丁酉)夜率兵马出城劫营。所谓的"奇袭"实际上因为找了个方术士来选择劫营的吉日,而弄得发动前几天便京师人人皆知。等姚平仲、杨可胜的兵马出城,金军早已等候多时,一座空营留给宋军,而铁骑伏兵四起,宋军大败,杨可胜遭活捉。

奇袭成了自取其辱之后,钦宗终于决心割地赔款。于是令满足金人要求,割让中山、河间、太原三镇,完颜斡离不(完颜宗望)遂率军于二月初十(丙午)撤退。

大约女真贵族们没有想到,战场上百无一能的赵宋,在和约已定之后,又幡然反悔。三月十六日(壬午),钦宗下诏,谓:"金人要盟,终非可保……已诏原主和议李邦彦,奉使许地李纲、李邺、郑望之,悉行罢黜……又诏种师道、姚古、种师中往援三镇。朕惟祖宗之地,尺寸不可与人……不忍陷三镇二十州之民,以偷顷刻之安。……播告中外,使知朕意,仍札与三镇帅臣。"

钦宗赵桓竟把割地的责任一股脑推到大臣身上,并撕毁了宋金之间的约定,不许割让三镇。另一方面,他派遣李纲去南京应天府迎太上皇赵佶回銮,实际上当然是强迫赵佶回东京,以免这位道君太上在东南有所"不便"。赵佶的亲信也都陆续遭到钦宗重黜,如蔡京、童贯等都是此后远贬而死。当年不可一世的蔡京曾感慨刘逵的"物故"身死,如今也轮到他成了历史中的过往。

这一切却丝毫不能挽救军事上的问题。五月十二(丁丑),西军与金人在榆次县交战,大帅种师中战死。这位种师中,应该就是《水浒传》里花和尚鲁智深口中的"小种经略相公"。种师中战败而死,太原府之围如何化解就成了一个问题。当时女真的另一支主力军正由完颜粘罕(完颜宗翰)率领,意图攻克太原,寻求和斡离不的兵马汇合。这一战略意图如果被女真实现,对当时的宋朝而言才是真正的大危机。

而入夏以后,处在京东东路淄州的李清照与赵明诚除了远远观望战局以外,也只能依旧过着日子,金军自二月撤退,大约他们便也和所有人一样,期盼着噩梦已经结束。

据清朝乾隆年间成书的《秘殿珠林》记载,赵明诚曾在淄州任上得到过白居易亲笔书写的《楞严经》墨宝,并在上面题跋。跋文为:

淄川邢氏之村,邱地平澜,水林晶清,墙麓确确布错,疑有隐君子居焉。问之,兹一村皆邢姓,而邢君有嘉,故潭长,好礼,遂造其庐。院中繁花正发,主人出接,不厌余为兹州守,而重余有素心之馨也。夏首复相经过,遂出乐天所书《楞严》相示。因上马疾驱,归与细君共赏。时巳二鼓下矣,酒渴甚,烹小龙团,相对展玩,狂喜不支。两见烛跋,犹不欲寐,便下笔为之记。赵明诚。

赵明诚在淄州认识了一位叫邢有嘉的士大夫,此人按照跋文的说法,似乎曾是潭州的知州。二人一见甚欢,后来初夏之时,赵明诚再次拜访邢有嘉,后者便拿出了一份墨宝来。赵明诚一看,这乃是唐笺楷书的白居易之字,写的是大乘经藏《楞严经》!细看来,一共是一百幅三百九十七行,征得邢有嘉同意后,赵明诚赶紧快马加鞭,赶回州衙廨舍内的"静治堂",与妻子李清照一同欣赏香山居士白居易的真迹。两个人看得喜不自胜,不知不觉就到了亥时、子时,所谓半夜三更,夫妇二人煮上了极其名贵的"小龙团茶"(仁宗时蔡襄所进,属于贡茶的一种,非权贵之家难以得之),熬夜赏玩,两次燃尽蜡烛,又两次续烛。

《楞严经》是极其重要的北传大乘佛法之经典,俗语云"开悟的《楞严》,成佛的《法华》",据《秘殿珠林》描述,白居易的墨宝是《楞严经》第九卷后半卷经文,其中有遗失者两处,装潢颠倒者三处。按《楞严经》第九卷涉及"五十阴魔"的甚深佛法,或许李清照与赵明诚夫妇在夤夜灯下,终于进入竺学释门的无边世界里,见红尘种种颠倒、烦恼乃至诸般妄想、邪见……

在靖康元年(1126年)这个行将天崩地坼、生灵涂炭的凶年里,夫妇二人暂时逃进了世外桃源般的"理想乡",他们沉醉在《楞严经》的正法眼藏之中,沉醉在白居易的小楷书法之中。

李清照、赵明诚生命中那个通宵达旦,赏玩白居易书《楞严经》的夜晚,仿佛是一方独立的小世界,自外于可怕的五浊恶世。

只是这样美好的时光终究会倏忽而过,如风雨之夜,在温暖如春的屋檐下徜徉青史之浮沉,共谈世界之洪荒,念人生无常,情谊可贵,是以茶香而酒洌,虽千言而不倦。能得一知己有如此时光,即幸事,而伴侣能如此,便更是人生之大幸。

可叹的是,人世间的悲欢苦乐都是因缘和合。夫妇二人所处的娑婆世界如今正是兵连祸结。到九月朔日初一(甲子),河东路太原府重镇终于还是陷落敌手。金军东西路主力也就能够顺利会师,继续南下了。闰十一月冬,金军再至汴梁开封大城之下。钦宗竟将城防交给了自称能撒豆成兵、请六丁六甲诛擒虏人的郭京,终于在闰十一月二十五日(丙辰),大宋首都东京被攻陷。

按照《三朝北盟会编》记载,城陷之后,钦宗召宰执、亲王、侍从等"与国休戚"的重臣和勋贵,结果这些人中大多早就跑得不见踪影,上殿的只有三个人,其中之一是赵明诚的姨兄谢克家。最终,钦宗赵桓无奈,赴金人军营请降。

作为历史上"北宋"的这个王朝,到这时实质上已可说分崩离析了。

倒是在外的徽宗第九子,"九哥"康王赵构在相州开了大元帅府,因而"幸免于难"。

时间到了靖康二年(1127年)。

二月,金国皇帝完颜吴乞买(完颜晟)下诏将徽宗赵佶、钦宗赵桓父子两个"皇帝"废为庶人,北宋灭亡了。

暮春三月,女真贵族立宋宰相张邦昌为"楚皇帝",史称"伪楚"。李清照的表妹夫秦桧时任御史中丞,乃御史台台长,由于反对立张邦昌,遂与妻子王氏(故宰相王珪孙女,王仲山之女,清照表妹)一同被金人掳至北方。时人以秦桧有忠君爱国之气节,非当时寻常士大夫可比。

祸不单行的是,赵明诚的母亲郭氏在这时候亦去世了。赵明诚当即解官离职,奔丧江宁。

李清照大约是依了丈夫吩咐,亦离开淄州,急往青州赵氏老宅而去。

《金石录后序》云:

建炎丁未春三月,奔太夫人丧南来。既长物不能尽载,乃先去书之重大印本者,又去画之多幅者,又去古器之无款识者,后又去书之监本者,画之平常者,器之重大者。凡屡减去,尚载书十五车。至东海,连舻渡淮,又渡江,至建康。青州故第,尚锁书册什物,用屋十余间,期明春再具舟载之。十二月,金人陷青州,凡所谓十余屋者,已皆为煨烬矣。

建炎丁未就是建炎元年,实际也就是靖康二年。北宋当然已是亡了,但康王赵构却趁机在夏五月于南京应天府登上了皇帝之位,客观上也一时间延续了赵宋的国祚,是为南宋,赵构便是后来杀害了岳飞的宋高宗。他改元建炎,是为建炎元年(1127年)。

我们无法确知李清照在这样忽然降临的乱世里是以一种怎样的心情回到了青州,又是以一种怎样的心情来收拾老宅里她和赵明诚的无数金石碑刻、古玩古籍的收藏。也许和大多数人一样,她也会慌乱失措,也会四顾迷茫……毕竟谁能真的在几年前就预料到,如此繁华的"盛世",如此庞大的帝国,竟被来自极北之地的蕞尔蛮夷所攻灭?

第十章 南游尚觉吴江冷 135

举其全族之人,不能及东京城之十一,然而彼客我主,更所谓虏人"以逆犯顺",可结果却是社稷倾覆、"二圣"播迁。天下事,如何竟至于斯?

仿佛经过了跋山涉水的沉重和艰难,李清照终于抵达青州赵氏老宅。她举目环视,心知夫妻二人多年的收藏不可能全部带走,于是只能先舍下书籍里笨重而开本巨大的印本,又舍去画作中不止一幅的作品,再舍去无文字款识的古代器皿,接着又不得不丢下书籍里国子监刻印本、画中的普通之作、器物之过大过重者,如此这般,还装载了整整十五车。

秋七月时,南下奔丧的赵明诚被高宗的南宋小朝廷任命为"江宁府知府兼江东经制副使",就是说令服丧丁忧的赵明诚"夺情",要他以国家之事为重。按宋代制度,"牧伯刺史以上,皆卒哭后恩制起复,其在切要者,不候卒哭"。古代亲人逝世百日之后,会有一个"卒哭"的仪式,标志着须节哀,不用再从早到晚"无时之哭"。而江宁府也就是现在的南京,在宋朝已是东南大都会,是江南东路的路治所在,无论是人口还是城市规模都是远超莱州、淄州的,其地理位置更是扼长江、淮河,乃东南咽喉之地,进可图中原,退可守两浙。因此,江宁属于"切要"之地,其知府历来兼任江东帅臣,当然是可以"卒哭"未行而夺情起复的。[另按《金石录后序》云:"建炎戊申秋九月,侯起复知建康府。"建康即江宁府,改江宁为建康是在建炎三年(1129年)。此当是李清照误记,或《金石录后序》在传世过程中讹误。]

这应当并非新即位的皇帝赵构看中了赵明诚有什么守地之干才,当时的江宁知府兼江东经制使翁彦国死于任上,如此切要之地缺牧守的帅臣当然是不行的。而赵明诚正在江宁服丧,时方百官逃散,地方上也混乱不堪,能逮到一个资历差得不太离谱的,也就任命了再说,至于什么是不是丁父母忧,则更不在考虑范围内了。赵明诚有着"直龙图阁"的殿阁职名,虽说徽宗朝名爵已滥,但毕竟在神宗时候,直龙图阁是可以在陕西任一路经略帅臣的,如今除江宁知府兼江东经制,也是情急之下没得选了。至于除副使,恐怕是因为赵明诚资历尚浅,所以以副使行江东帅臣之职权。

另一方面,这位新登极的官家虽然在即位的大诏里说"疾首痛心,怀父兄播迁之难……朕欲救在原之急,嗟我文武之列,同时忠义之家……同徯两宫之复",可他的刀剑却不是首先砍向金军,而明明女真人抓走了他父兄两位皇帝,可谓家国大仇,无以复加。"同徯两宫之复"其实也就是所谓"迎回二圣",这最早是赵构所说,但他的屠刀却先在登极后的秋八月,斩了上书言事的太学生陈东与欧阳澈。两位忠义而天真的太学生请求赵官家罢免黄潜善、汪伯彦这样一心乞和的"投降派""主和派"宰执大臣,要求再用李纲,且请高宗赵构御驾还于东京,"治兵亲征,迎请二帝"……

九哥赵官家怎么会容许两个"措大"对他身为天子,选择决策层宰执的权力进行指指点点?于是,天子的刀剑首先砍向了两个读书人,至于北还汴京,那更是绝无可能,冬十月,高宗御驾抵达南方扬州。

这期间,李清照便艰难地雇人带着十五车收藏,离开青州,往江宁赶路而去。是赶路,实际也是一种逃难。当时南下的富户、贫户不知几多人,到了东海之滨,只见到无数舟船,李清照又是雇了几艘船才装上了可能二十车左右的物品,遂一路南下渡过淮河,再如是买舟雇船而渡过长江,直奔丈夫赵明诚所在的江宁府。至于青州赵氏老宅里,还余下无数藏品和大物件来不及搬走,堆积了整整十几间屋子,李清

第十章 南游尚觉吴江冷　137

照是打算待明年开春了再雇船走水路运到江宁来。

谁承想,李清照离开以后,至隆冬十二月,青州发生兵变,连京东帅臣、知州曾孝序都被乱军所杀。乱军和匪寇是没有什么区别的,当然要烧杀劫掠,加之此后金军一部又攻入青州,李清照自然能明白,那老宅里十几屋子的收藏,最后必定荡然无存了。

南宋建炎二年(1128年)春,李清照"千里跋涉",舟车并行,终于是抵达了江宁府。

不过这一段经历也并非毫无疑问。

之所以将赵明诚、李清照在靖康二年(1127年,即建炎元年)南奔的经历叙述为一先一后,乃是将《金石录后序》与南宋岳珂收藏的《蔡忠惠赵氏神妙帖》中的跋文合并比对之后才得出的结论。今附于下:

> 此帖章氏子售之京师,予以二百千得之。去年秋,西兵之变,予家所资,荡无遗余,老妻独携此而逃。未几,江外之盗再掠镇江,此帖独存。信其神工妙翰,有物护持也。建炎二年三月十日。

岳珂谓此跋因后文有缺,所以少了最重要的题名。今人大多和岳珂的判断一样,认为这是赵明诚的跋文,但亦有怀疑的声音,以为和前后跋文在时间上考诸题名者仕宦经历,便有所矛盾。其实,蔡襄此帖由"章氏子售之京师",不必是赵明诚亲自于京师才能购得,完全可能是友人为其"代购",而赵明诚花费了二百贯,以其好金石碑刻的名声,亲朋好友谁人不知?为其"代购"也当然不足为奇。那么,如果此帖确为赵明诚所跋,"老妻独携此而逃"就可以理解为二人一先一后南奔江宁。

但颇可质疑的是跋文中所说的"去年秋,西兵之变"。其疑问之处倒不在"西兵",因为青州系京东东路路治所在,即当时经略安抚司"帅司"衙门所在地,其驻扎之主力部队当然是禁军,而禁军自陕西招填,是北宋晚期常见之事,因徽宗末年军队废弛,唯陕西与西夏接壤,其人尚有一定战斗力。只是按《建炎以来系年要录》,青州兵变事在十二月,不当为秋。不过,青州兵变系将官王定所致,但其前因乃青州下辖临朐县军校赵晟聚众为乱,大约其野心滋生、起事作乱即在是年秋。《建炎以来系年要录》记载建炎三年(1129年)正月,"金人既弃青州去,军校赵晟据其城"。赵晟之有力量至于如此,很可能他不是当地的厢军,而亦是关中之人,或者说至少跟着他作乱的应当不少都是陕西招填来的禁军,因此称为"西兵之变"。

至于《金石录后序》记为"(建炎元年)十二月,金人陷青州"实则是小误,应是次年正月,金军入青州。想来,在西兵作乱与金军入城两事之中,李清照、赵明诚夫妇的收藏自是损失殆尽了。而"江外之盗,再掠镇江"大约指的是建炎二年(1128年)正月"张遇陷镇江府"。清照南奔江宁,自是从镇江走水路,溯长江往西,因此先过镇江而遭到流寇作乱,丢失了不少藏品,也就不足为奇了。所谓"独携此而逃""此帖独存"并非说当时的十五车藏品全部丢光了,而应是指这件蔡襄的真迹墨宝特别珍贵(时人如苏轼等以蔡襄书法为当朝第一),李清照随身携带而已,其他则装载于车船,后经青州城陷、镇江寇乱,许多无法随身携带的藏品便遗失了。

江宁府是神宗朝熙宁末年王安石二次罢相后归隐养老之所,但这位曾力战天下、权倾一时的大丞相如何能想到,他辞世四十年后,赵宋的天下——他曾为之呕心沥血的江山社稷便这么亡了。江宁即古之金陵,这里自三国东吴政权到南北朝东晋、宋齐梁陈时代,便是所谓"六朝古都"。桨声灯影、画舫雕车,秦淮河畔游人如梭,酒楼茶肆热闹非凡,这里的人间烟火,自然甲于江东,也只有两浙的杭州城可以与之媲美。

建炎二年(1128年)到了金陵城与丈夫团聚后,两人必然是无限感慨与唏嘘。举目北望,山河与往日之异,何啻万万!淮河以北所失陷的州军不知凡几,更加之流寇、土贼纷纷四起为乱,大宋的皇帝被俘虏了两个,如今江南还有一个新皇帝,而京东的故乡也已是回不去了,更别提丢失了多少珍贵的收藏!

赵明诚与其兄长皆是官员,其姨兄谢克家则贵为侍从高官级别,因此相较普通人,他们对朝廷的虚实是更为清楚的。在"靖康之难"的大变故前后,种师道、姚古的西军等于是化为乌有了,而东京原本的三衙禁军实则也早已等于"不存在"了,整个国家当时的军事力量是极为虚弱的。对南宋"小朝廷"而言,正处在外则无力与金人较量,内则困窘于流寇土贼的境地里,可谓"诚危急存亡之秋"。赵宋的天下还是不是能延续下去,赵明诚、李清照大约心里也一定在质疑。

此年三月上巳日(三月初三),赵明诚、李清照与两家亲戚们聚在一起。上巳踏青本是一种习俗,虽唐宋以来逐渐风气渐不如前,但想来此番南渡之后,种种家国艰难,两家亲戚们便团聚一番,彼此感叹,聊以亲情相互慰藉。此番参与其中的赵李家族之人当有李清照的弟弟李远,赵明诚兄长赵思诚、赵存诚以及其妹、妹夫李擢、姨兄谢克家及其子谢伋等。

李清照写下一首《蝶恋花·上巳召亲族》:

永夜恹恹欢意少。空梦当时,认取长安道。为报今年春色好。花光月影宜相照。

随意杯盘虽草草。酒美梅酸,恰称人怀抱。醉莫插花花莫笑。可怜春似人将老。

上阕起调可谓词意殊怨。永夜者,不知是人之辗转难眠,抑或指社稷已倾覆?大约是兼而有之吧!因此念及家事、国事至于如此,人生总是悲伤良多,而欢意为少了。唐崔颢有诗云"长安甲第高入云,谁家居住霍将军……莫言炙手手可热,须臾火尽灰亦灭",赵李两家也曾在东京为官,特别是赵家还出了一位当朝宰相,可眼下昔日繁华的东京还剩几何?"公卿如犬羊,忠谠醢与菹"过后,京畿之地还能有回去的时日吗?难怪后来的词人如辛弃疾要说"西北望长安,可怜无数山","长安"是宋代诗家词人笔下常用来指代汴梁东京的一个地名。长安的九天宫殿、汴京的大内皇城……唐朝的坊市之别到了徽宗朝早已在热闹的街市里消失了,勾栏瓦子诸般玩耍闲乐的去处遍布通衢左右,七十二家正店酒楼彩旆招展,不夜的灯火亮到三更天以后,提瓶卖茶的人走在那火树银花之下,晚市才罢,早市又开……这一切的一切,都在忽然间消亡了!从长安到东京,李唐尚有再回长安之时,赵宋可还有回到汴梁的时候吗?

南渡的人们也只能苦中作乐了。见说今年江南春色甚佳,赵李两家终于在花前月下摆了一场家宴。草草杯盘,座中诸人虽不欲如楚囚相对,而昏昏光影之下,所话平生者,岂非皆伤心之辞?好在杜康酒美,梅子酸甜,倒也适合此情此景。酒酣耳热之际,不免欲簪花为乐,可清照却要说,暮春易逝,可怜这春色如人一样终将老去,天地间美好的事物何尝能永久而不衰？不如怜惜一下眼前未谢的花吧，这一年李清照已经四十五岁。

大约此年寒食前后，清照又作《浣溪沙》：

> 淡荡春光寒食天。玉炉沉水袅残烟。梦回山枕隐花钿。
> 海燕未来人斗草，江梅已过柳生绵。黄昏疏雨湿秋千。

春风虽和煦，而白露已清冷。寒食节气里，沉香慵懒无人管，只是静坐床榻，方才午睡醒来，脸上的花钿倒是落在了枕头之上。春社已过，梨花落后便是清明，时已三月，海燕却还未来。而墙外的街衢巷口，但听得少年们斗草为乐，江梅谢而柳絮起，自己便也如这过去的时光一般不能复回青春，岂能再为斗草之戏？细雨催昏，庭院里依旧是无人，唯秋千而已。

据宋人庄绰《鸡肋编》记载：

> 靖康初，罢舒王王安石配享宣圣，复置《春秋》博士，又禁销金。时皇弟肃王使敌，为其拘留未归，种师道欲击之，而议和既定，纵其去，遂不讲防御之备。太学轻薄子为之语曰："不取肃王废舒王，不御大金禁销金，不议防秋治《春秋》。"其后，金人连年以深秋弓劲马肥入塞，薄暑乃归。远至湖、湘、二浙，兵戈扰攘，所在未尝有乐土也。自是越人至秋亦隐山间，逾春乃出。人又以《千字文》为戏曰："彼则寒来暑往，我乃秋收冬藏。"时赵明诚妻李氏清照亦作诗以诋士大夫云："南渡衣冠欠王导，北来消息少刘琨。"又云："南游尚觉吴江冷，北狩应悲易水寒。"

钦宗靖康元年(1126年),因为程颐学生杨时上疏抨击王安石,乞追夺"舒王"王爵、罢配享、断王氏新学之谬,于是下诏罢王安石配享孔庙,只从祀而已。所谓"销金"指当时衣物上添加极薄的黄金以作装饰,宋廷的禁止当然是出于民间如此行径颇为僭越的考虑,认为有悖礼法。所谓《春秋》一语,则是过去王安石改革科举,以为《春秋》是"断烂朝报",如今重新抬高《春秋》。这样就能理解"不取肃王废舒王,不御大金禁销金,不议防秋治《春秋》"的讽刺了。朝廷不去设法营救官家的弟弟肃王赵枢,倒是废黜了王安石的舒王之爵;不去想办法抵御金人,反倒是忙着禁止衣物贴金这样的鸡毛蒜皮之事!此后金人连年南侵劫掠,连吴越之地的百姓都多有入秋即隐居入山中者,一直等过了春天才返回家中。以至于人们又讽刺说"彼则寒来暑往,我乃秋收冬藏"。

按庄绰之说,李清照也写了两首诗讽刺赵宋王朝。所谓"南游尚觉吴江冷,北狩应悲易水寒"指的便是靖康之难后,又如西晋永嘉之乱,晋室衣冠南渡一般,中原士人如今也是南奔避难,而徽宗、钦宗两位父子皇帝(当时称为道君皇帝、渊圣皇帝)可都被金人俘虏到了北方。眼看这南宋的小朝廷就要被江南的暖风熏得只想苟且偷安,亦恐怕二圣播迁的荒诞悲剧里,并寻不到一丝一毫当年荆轲刺秦的壮烈了!大宋一百六十余年至于今,竟成了一个笑话。

或许这就是李清照的这两句诗想告诉我们的。四十五岁的易安居士,她的血仍未冷,仍是满怀着一腔义愤,看着这一幕幕丑陋的拙劣表演。

海燕未来人斗草,江梅已过柳生绵。黄昏疏雨湿秋千。

——《浣溪沙》

第十一章
浓香吹尽有谁知

建炎二年(1128年)暮春上巳日与亲属团聚前后,李清照大约颇陷入家国遭难的惆怅情绪里。

这一时期里的一首《小重山》也曾被与赵明诚的"天台之遇"联系在一起,且附于下:

> 春到长门春草青。江梅些子破,未开匀。碧云笼碾玉成尘。留晓梦,惊破一瓯云。
> 花影压重门。疏帘铺淡月,好黄昏。二年三度负东君。归来也,著意过今春。

令人产生联想的主要是上阕首句中"长门"一词。"长门"出自汉赋大家司马相如的《长门赋》,乃是汉武帝废皇后陈阿娇幽居长门冷宫的典故。阿娇本武帝刘彻之姑母馆陶长公主的女儿,"金屋藏娇"之典故亦出于此。但后来武帝宠幸卫子夫,阿娇便遭到打入冷宫的待遇。因此,"长门(赋)"常用来直接指女子失欢之事。

但此处,似并非指向赵明诚的妾室问题。这一句"春到长门春草青"实则首先是李清照直接用了《花间集》里晚唐薛昭蕴的《小重山》词,原文为"春到长门春草青,玉阶华露滴,月胧明"。其次是当时赵明诚随宋室南渡,在江宁担任知府兼江东经制副使,按江宁府是江南东路路治所在,又是控扼长江南岸的第一重镇,当此兵荒马乱之时,赵明诚职务是极其繁重的,恐怕不会有心情和闲暇与姜室或其他女子缱绻款款,因而导致冷落了李清照。或许此处"长门"指的是汴京宫阙如今已成狐丘鼠穴,一片凄清犹如冷宫。而相对应的是李清照身处南方,江梅初绽,故首句乃一北一南,并非指向"天台之遇"。

李清照自储藏茶叶的"碧云笼"中取茶碾之,静待候汤——这是茶艺里极重要的一环,有所谓"最难"之说,水未熟则沫浮,过熟则茶沉,而候汤的技巧又全通过耳朵听来判断。水熟之后便是点茶与分茶,建盏之中茶汤贵白,犹如杯中之云,薄暮夕照下,李清照看着户牖之外花影近门,月上帘钩,正是昏昏慵懒之景。想来这两年间,经历了东京的陷落、南宋的建立,靖康二年还变成了建炎元年,可不就是"两年三度"吗?如此家国大难,自是无心赏春,便也只能说"辜负东君"了。且待看,把今春好好过完,莫更轻负!从结尾的这句"著意过今春"来看,似亦不可能与赵明诚的姜室问题有关,此又是一证。

初夏的梅雨季,李清照在午夜时分被雨打芭蕉之声弄得不堪其扰,作为北方人的她还对此非常陌生。她干脆披衣而起,又似乎渐觉这错落有致的声响虽然凄清,但也别有韵律,于是填词一首,即《添字丑奴儿·芭蕉》:

窗前谁种芭蕉树,阴满中庭。阴满中庭。叶叶心心,舒卷有余情。

> 伤心枕上三更雨,点滴凄清。点滴凄清。愁损北人,不惯起来听。

是谁在敲打我窗?雨打芭蕉,为何又滴落在我心上?真是"窗外芭蕉窗里人,分明叶上心头滴",三界有情众生,莫不漂溺在悲欢因果的苦海里,如何得脱?夜半枕上,李清照难眠之下只感到此身似客,而北方的故乡已是眼看着归不得了。

七月入秋以后,东京留守宗泽的死讯应当逐渐传到了江宁府。作为抗金名臣,宗泽在汴梁呕心沥血,召集各路忠义人马,甚至招抚群盗,皆用为守御之兵,而金人亦不能奈何。当时,岳飞便曾在宗泽麾下为将。可惜的是,宗泽的谋划与南宋高宗皇帝赵构的心思终究不合,忧愤积劳之下,宗泽沉疴不治,乃于病榻之上三呼"过河"而亡。此后,南宋便只能派遣杜充接替宗泽负责河南防务,而杜充远逊于宗泽,所谓"宗泽在,则盗可使为兵;杜充用,则兵皆为盗矣"。

大约正是得知了宗泽病逝的消息,李清照写下一首诗作来讥讽当时的南宋朝廷,可惜如今只能看到其中两句而已,即上章所云"南渡衣冠欠王导,北来消息少刘琨"。王导是西晋末年永嘉之乱后,帮助琅琊王司马睿建立东晋,延续晋朝国祚的名相,在《世说新语》中有名的"新亭对泣"典故里,正是这位"王丞相"勉励晋室大臣"勠力王室",要大家共同为国家效命拼搏,而非自怨自艾。而刘琨则是著名的"闻鸡起舞"典故中的主人公之一,亦是晋朝名臣,一心报国,最后死于国事,那位"中流击水"的祖逖则是闻鸡起舞中刘琨的友人。因此,李清照这两句诗的意思是很明确的,即放眼看去,如今的南宋群臣之中,恐怕没有王导这样的人物,而淮河以北的中原,宗泽斯人已逝,也就不能指望还有如刘琨一样的英雄了。看来,李清照对南宋恢复旧疆的前景是很不看好的。

此年秋,李清照更在江宁送别弟弟李迒。李迒既任职"敕局删定官",便为宰属,须赴皇帝驻跸之所,当时高宗正在扬州,因此李迒当然是要赶赴维扬的。一首《青玉案》可能正是填于此时,词写得极好而动人,全词如下:

> 征鞍不见邯郸路。莫便匆匆归去,秋风萧条何以度。明窗小酌,暗灯清话,最好留连处。
> 相逢各自伤迟暮,犹把新诗诵奇句。盐絮家风人所许。如今憔悴,但余双泪,一似黄梅雨。

首句既追叙自己和弟弟作为北人而南奔避难的身份,"邯郸"本战国时赵国都城,当即用以泛指北方中原或在北面的大宋故都东京城。李清照与李迒一路鞍马舟车、征尘染尽,回首却不能见汴梁与中州,乃正见出金人铁蹄之下,关塞阻隔的悲戚,故曰"莫便匆匆归去",即归不得也。当此秋风肃杀之际,还愿胞弟能不忘窗前灯下、三杯两盏,至亲之间的体己话。

下阕"相逢各自伤迟暮"读来催人泪下。李清照时年四十五岁,在古代人们的这个年龄便多半要感叹"老之将至",二十几年前因父亲入"奸党党籍",弟弟李迒随李格非一同远贬广南西路的象州,其间有五六年不能见。后来光阴匆匆,直至天下板荡,家国一朝沦丧,姐弟俩再相逢于江南时,都可说是"伤迟暮"之龄了。人到了中年,一般而言,诸多感受都已体认,因此远较青春时为成熟,但人总会觉得有许多遗憾难以弥补,有许多错误已然铸就,这便是"各自伤迟暮"的内在原因。而除了在辞赋诗歌里寻觅一朵春日的花、画上初夏的蝉鸣,又或是托住秋的落叶、细嗅白雪之纷飞,还能如何排遣这一切呢?

李清照不由地想到了《世说新语》里的一个典故。东晋时名臣谢安在寒雪之日的家宴中与子侄、儿女辈讲论文义。忽而雪转急骤,谢安便出了个上联,谓"白雪纷纷何所似",其兄子谢朗答"撒盐空中差可拟",兄女谢道韫却说"未若柳絮因风起"。在这里,李清照不光是说她和弟弟李迒生在诗书之家,更是有些"顽皮"地将自己比作谢道韫,而将李迒比为谢朗。想来,李清照的诗词才情早在豆蔻之时就已经显露,而弟弟李迒自然弗如远甚,这一句也就别有一番调侃的味道。

然而调侃过后,就是悲凉了。纵然书香门第、为人称道又如何?今日家国两不幸,与弟分别,只有四目相对,双双如雨落泪而已!

此时节随着宗泽逝世,金人四处扩大侵略的势头逐渐明显起来,即便身处江东,李清照大约也是忧心忡忡的。深秋初冬之际,一次夜间难眠,她干脆披衣烹茶,而乡愁萦绕心间,别是一番滋味。一首《鹧鸪天》应即填于此时:

寒日萧萧上锁窗,梧桐应恨夜来霜。酒阑更喜团茶苦,梦断偏宜瑞脑香。

秋已尽,日犹长,仲宣怀远更凄凉。不如随分尊前醉,莫负东篱菊蕊黄。

梧桐深秋,日上花窗。夜色里寒气已凉,人间何止是添上了一份悲伤?龙脑香的香氛缭绕,却是梦断人独醒。何以酒后仍是如此睡浅而愁深呢？李清照恐怕只是热了热未喝完的团茶，因而茶香已无，唯觉苦涩，但失眠的夜里，反倒让她觉得清醒了一些。这般到天明，便又是一天。而白昼亦无事，以至于李清照觉着深秋已尽，当是冬日时令了，如何日头还是这般长，光阴这般难熬？她想到了汉魏之时王粲（字仲宣）曾避难于荆州，又登江陵城楼而思怀故土——眼下自己难道不也是这样无限地想念家乡么？但既然归不得，也就只有说一声"随分"了。"随分"犹今语"随便""随意"，便来个刘伶醉酒，逃入酒乡世外吧！不要辜负了渊明采菊东篱的那份心情！

据宋人周煇《清波杂志》云：

> 顷见易安族人言："明诚在建康日，易安每值天大雪，即顶笠披蓑，循城远览以寻诗。得句，必邀其夫赓和，明诚每苦之也。"

周煇的时代与李清照晚年基本重合，其记载又说是闻于李清照族人，可信度应该还是较高的。按照他的说法，似可见至迟在建炎二年（1128年）冬，李清照的心情终于舒缓过来一些，每当大雪天气，她便颇有兴致地在城中上下登览远眺，以寻灵感而吟诗作赋。有趣的是，她每得佳句便要请丈夫赵明诚和出下句来，而明诚一则在江东帅臣任上事务烦剧，二则诗词之才确实相比妻子只能说力不能逮，因此"每苦之"，对这种妻子的风雅之邀感到有些头疼了。

此时此地的赵明诚绝不会想到，有一些失去会突如其来，会猝不及防。等到这一时刻来临，便只能说"当时只道是寻常"了。

转眼便是建炎三年（1129年）。时局之动荡更出乎朝野搢绅、间阎百姓的意料了。

高宗赵构和南宋的小朝廷自建炎元年(1127年)冬就躲在了扬州,然而,金人南侵的兵锋并未减弱,自去年年末就开始不断向南。到建炎三年(1129年)的二月,女真游骑已至扬州附近,噩耗传来,据说赵构正在临幸侍寝的妃嫔,受到此惊吓后便"矍然惊惕,遂病薰腐"——失去了生育能力。官家赵构和朝廷仓皇出奔,先至镇江,随后在二月十三(壬戌)即逃到了杭州城。

此时李清照与赵明诚还在江宁。正月初七就是古人所称的"人日",四十六岁的李清照也按照习俗剪彩为人形,戴在头顶凤钗之上。她填了一首《菩萨蛮》:

> 归鸿声断残云碧。背窗雪落炉烟直。烛底凤钗明。钗头人胜轻。
>
> 角声催晓漏。曙色回牛斗。春意看花难。西风留旧寒。

大雁北归,而人不能归,故禽鸟之声亦见悲鸣之意。残云、声断,这都是乡愁凝结之下的情感投射,所谓一切景语皆情语。室内背窗灯半明,静听外间雪落,闲看炉烟孤直。凤钗人胜已从发髻摘下,烛光下念及岁月把人轻抛,耳边则是角声阵阵,天色渐晓。早春虽至,但李清照无心赏花,何以如此呢?结尾云"西风留旧寒",实则哪里只关乎春寒之料峭,更多的是想到了家国遭难,有故乡而不能归的凄恻,所以才说"旧寒"。此"旧寒"又何止是一两个人的伤痛,而是一代人,甚至此后几代人的悲恸。

建炎三年(1129年)的春日里,李清照思乡的愁情可谓频繁。大约一则人客江东,心中始终不宁,二则丈夫赵明诚在如此混乱危险的时

第十一章 浓香吹尽有谁知

局下任江东藩闱,事务必甚繁,李清照当常常独自一人,倍感孤寂。因而她接连填了数首词来抒发内心的落寞与乡愁,其中有两首还是直接用了欧阳修《蝶恋花》中的"庭院深深深几许"之句。

其一则《临江仙》:

> 庭院深深深几许?云窗雾阁常扃。柳梢梅萼渐分明。春归秣陵树,人客建康城。
>
> 感月吟风多少事,如今老去无成。谁怜憔悴更凋零。灯花空结蕊,离别共伤情。

其自序为:欧阳公作《蝶恋花》,有"庭院深深深几许"之句,予酷爱之,用其语作"庭院深深"数阕。其声盖即旧《临江仙》也。

秣陵即江宁,而江宁古称建业、建康。下阕颇有易安居士效青莲居士之感,所谓"吟诗作赋北窗里,万言不值一杯水",清照感到自己吟咏风月亦安用?唯是朱颜辞镜、美人迟暮,徒能叹息老去而无所成。

其二亦《临江仙》:

> 庭院深深深几许,云窗雾阁春迟。为谁憔悴损芳姿。夜来清梦好,应是发南枝。
>
> 玉瘦檀轻无限恨,南楼羌管休吹。浓香吹尽有谁知。暖风迟日也,别到杏花时。

"春迟"与上一首的"常扃"相照应,但恐怕主要是心寒方更觉天气之寒。人生半百,在千年前若是平民百姓,便已可作"老人"看了,回首数十年光阴,也不知是"为谁憔悴",而至于如今!夜里以为南枝向阳,而梅花盛开,实则不过是一帘幽梦,白昼细看,却是梅花渐凋零,无限遗恨而已。身在江楼楚馆,而羌笛犹自忽远忽近,这笛声是《梅花落》呢,还是女真铁骑南下的陷阵肃杀之曲?须注意到的是,咏花词在李清照笔下多有自比的含义,这是她从年少填词即有的习惯。因而一句"浓香吹尽有谁知"不唯表落梅香残,更是伤迟暮之意。细读之,亦有伤感家国尽成往日畴昔之影的意味在。春意渐暖,日头渐长,清照想到的却是,可别又光阴似箭,一下子到了杏花开放的时节才好。

其三为《诉衷情·枕畔闻梅香》:

夜来沉醉卸妆迟。梅萼插残枝。酒醒熏破春睡,梦断不成归。

人悄悄,月依依,翠帘垂。更挼残蕊,更捻余香,更得些时。

饮酒与咏梅似乎是这一时期李清照诗词世界里的一个主题。梅花的形象仍是残缺凋零之态,别具凄美的意境。一句"梦断不成归"再表怀念故土之心。因而月下依依,连玉蟾也好像懂得人的心思,而"忧心悄悄",乐少而愁多,垂帘懒卷,无心处,空捻落梅残蕊。人似梅花,花留余香,但又岂能久长!

其四为暮春时节所作《满庭芳·残梅》:

小阁藏春,闲窗锁昼,画堂无限深幽。篆香烧尽,日影下帘钩。手种江梅渐好,又何必、临水登楼。无人到,寂寥浑似,何逊在扬州。

第十一章 浓香吹尽有谁知

> 从来知韵胜，难堪雨藉，不耐风揉。更谁家横笛，吹动浓愁。莫恨香消雪减，须信道、扫迹情留。难言处，良宵淡月，疏影尚风流。

江宁府是江东都会，又是烟雨江南的好去处，其府衙廨舍应是远非莱州、淄州所能比拟。其中亭台楼榭、画堂回廊，却只显出寂寥幽深的凄苦感。是以无所事事，只能闲看日影相移。"手种江梅渐好，又何必、临水登楼"乃是反话，表面上说此地渐渐安顿，不必如王粲登楼望乡，实则是思乡之切，然而终于是知晓归乡不能，故只能作如此语。上阕结尾才是心底的真话，言虽如南朝齐梁的何逊之爱梅花，可当此家国遭难以后，身处江南偏安的环境里，清照却正如何逊之"对花彷徨"，巨大的空虚感、寂寥感在某些时刻吞噬了一切。

至下阕，又有以梅花自况的意味。写梅花虽已风韵卓荦，非群花比，但毕竟不能胜风雨之摧残，更何况横笛一曲《梅花落》，对东风、和泪吹，吹起几多浓愁，空惹人断肠！显然，这里面有清照的自怜，一则大时代之背景已如此，二则伤垂老迟暮。故只能说"莫恨香消雪减"，虽花谢人老乃世间所不能免之事，但清照仍有一股年轻时的倔强在，梅之情致长在人间，未必这风雨过后，没有疏影暗香的余芳。在生活的苦难里，有时候总要如此依靠单纯的相信去找寻希望，说服自己仍有希望。

只是有时生活的残酷会超越个人的"希望"。伤春思乡的易安居士还不知道，她生命中重要的一页即将永远翻过去了。一些人、一些事的结束，都来得如此突然，猝不及防。

第十二章
人间天上

当李清照在建炎三年(1129年)因丈夫赵明诚忙于江东帅臣事务而倍感寂寥之时,这段日子竟终于告一段落了。由于金人继续南侵的势头,江宁府作为长江南岸的江东重镇,朝廷至迟在二月初应当就做出了人事调整,即解除了赵明诚的江宁知府兼江东经制副使的帅守藩阃之职,另差其往湖州担任知州。皇帝赵构已决心派遣执政大臣吕颐浩坐镇江宁,为他看守自己驻跸所在的南方之北门。

既然要赴任湖州地方长官,赵明诚少不得要与妻子李清照做一番准备,他们既有许多行装须整理,更有珍贵的藏品要装箱打包,准备车载船运,一道送往湖州州衙廨舍中去。这些事情须做完,一时半会他们还留在江宁城中。

到了二月五日(甲寅)夜晚,江宁出事了。

《建炎以来系年要录》卷二十记载:

> 御营统制官王亦将京军驻江宁,谋为变,以夜纵火为信。江东转运副使、直徽猷阁李谟觇知之,驰告守臣秘阁修撰赵明诚。时明诚已被命移湖州,弗听。谟饬兵将,率所部团民兵伏涂巷中,

> 栅其隘。夜半,天庆观火,诸军噪而出,亦至,不得入,遂斧南门而去。迟明访明诚,则与通判府事朝散郎毋邱绛、观察推官汤允恭缒城宵遁矣。

北宋灭亡时,三衙禁军系统已然崩溃不存,高宗的宰执大臣黄潜善和汪伯彦便为其建立了新的御营司制度,试图重建皇帝亲属的"国防军队",当时御营司统制便已是级别很高的统兵将领了。江宁府中驻扎的正是御营司的一支兵马,其统制名王亦。大约是窥见了金军兵强马壮,以为南宋小朝廷终不能守,于是暗中谋划兵变,以博富贵。这在靖康末、建炎初实在是极其常见的,今日为兵、明日为匪,又或昔日为寇,今日为王师,又有今日吃赵家粮,明日投大金者⋯⋯种种乱象,屡见不鲜。总之,王亦已决心发动,约定在夜间纵火为号,届时诸军一齐起事。

好在王亦事机不谨,被江东转运副使李谟所觉察。需说明的是,在当时的江南东路,按实际情况来看,尚未完成交接卸任的帅臣赵明诚应是第一长官,而漕贰李谟大约就是次长官,其担任副使而非正使可能与赵明诚一样,都是资历尚浅的缘故,宋多有以转运副使行正使职权,而不设正使者。由于转运司衙门和赵明诚的知府兼帅司衙门不在城内同一地方,心急如焚的李谟亲自快马急奔,将这个事情告诉了赵明诚。

道理很简单,你赵明诚系江东藩阃之任,即将发生兵变,当然须你来拿主意,否则这种兵荒马乱的年代,一旦兵匪闹起来,满城百姓不知要死多少人,弄不好就是血流成河,因为乱兵们可是要烧杀劫掠、无恶不作的!

赵明诚竟对李谟提供的重要信息置若罔闻。他向李谟表示，自己已经受命要卸任知府兼经制副使差遣，另往湖州任职，不在其位则不谋其政，也就别来找我了吧。

李谟恐怕是大为震惊。因为赵明诚乃故宰相之子，所谓受国厚恩，一门几兄弟都是仕宦颇显，可谓与国同休，如何竟这般推脱不敢任事！无奈之下，李谟只得调集他可以信任的城中兵将，恐怕无非也就是一些地方上的厢军、弓手等非一线战斗力量和捕寇的差役人员加之保甲等"民兵"而已。但李谟头脑十分冷静，他将有限的力量部署在江宁府城内的要害通衢，各筑栅栏以为"街垒"，从而防备乱军驰突，攻占府库等重要地点。

夜半，王亦果然率军在天庆观纵火起事，得到信号的诸军遂鼓噪发动，然而，王亦果然也和其他御营司将领一样，用兵无能，竟被李谟设下的几个街垒阻挡了道路，乱军只得用大斧劈开江宁府城南门的门闩或锁链之类，什么也没抢到便离开了。一场可怕的兵变因为李谟的处置而保住了全城百姓，往大了说甚至替南宋守住了江宁府乃至江东。

拂晓时分，李谟急寻赵明诚，毕竟仍要防备王亦等乱军杀个回马枪，许多事情都还需要赵明诚作为帅臣来主持局面。可谁承想，知府帅司衙门里遍寻不得赵明诚踪影。

李谟这才知道，昨夜赵明诚居然带着通判毋丘绛（即江宁府通判，在江宁一府属于次长官）、观察推官汤允恭（府推，属于知府的僚佐）在夜色掩护下，凭借"矫健"的身手，靠着绳索从城墙上降落到城外，竟是弃城而逃了！所谓"缒城宵遁矣"！

在这里，我们不禁要疑惑的是，李清照还在城中吗？她和赵明诚一起出逃了吗？

从后来的情况看，很大可能是，赵明诚没有胆量在兵变时保护阖城百姓，却有过人的本领"飞檐走壁"，而他的妻子李清照被他"选择性遗忘"在城中，抛弃在知府衙门的廨舍里。在这个特殊的夜晚，大约李清照还以为丈夫只是在主持"大局"，所以才不见其人，毕竟天庆观大火、诸军鼓噪、通衢筑起街垒，清照是能明白发生了什么的。

当得知丈夫在夜间开溜以后，李清照会怎么想呢？赵明诚的父亲赵挺之不论如何冷酷无情，但总有一股子狠劲，敢于和老奸巨猾，或许是徽宗时代最可怕的对手蔡京一决生死，甚至一度也暂时凭借着百般手段，成功地驱逐了他蔡元长。可赵明诚却在应该担起护民守土的"封疆"职责时，一走了之，他面对的甚至还不是女真铁骑，而是宋朝自己的乱兵罢了！真不敢想象若是金军大举至于江宁城下，赵明诚又当如何！他在夜间抛弃了江宁府城，等于也把自己作为江东帅臣的职责忘得一干二净！不客气地想，真是虎父何犬子也！

李清照是为此感到羞耻的，但真正应该羞愧的是赵明诚。

我们也无从得知，赵明诚回到江宁府城后是如何面对江东监司官员与府城僚佐的，更不知他是如何面对自己的妻子的。因为这些，李清照都在《金石录后序》里只字未提，甚至做了些曲笔的处理。

而另一方面，官家赵构所在的杭州出了更大的事。由于对高宗任命的管军枢密、执政大臣王渊不满，扈从天子的将领苗傅和刘正彦利用刘光世、张俊、韩世忠等大将兵马不在杭州的机会，在三月初五(癸未)突然发动政变，他们杀死了执政王渊，又逼宫高宗，迫使其同意了隆祐太后(哲宗废后孟氏)垂帘，乃至赵构本人退位为太上，改立其子赵旉为皇帝的一系列"犯上谋逆"的要求。

此后，在礼部侍郎、御营使司参赞军事，节制平江府、常、秀、湖州、江阴军军马张浚的主持联络之下，勤王大军在四月初击溃苗刘二人的军队，进入杭州城，此举挽救了当时陷入混乱之中，可说内忧外患、摇摇欲坠的南宋小朝廷。

赵明诚此时已因为弃城而逃，在三月初高宗还掌权时被罢免了"湖州知州"的新除命。清照在《金石录后序》中隐去此一节，反作"侯起复知建康府，己酉春三月罢"。

不过，《金石录后序》毕竟提供了一些后续的发展。其云：

> 建炎戊申秋九月，侯起复知建康府，己酉春三月罢，具舟上芜湖，入姑孰，将卜居赣水上。夏五月，至池阳。被旨知湖州，过阙上殿。遂驻家池阳，独赴召。

由于湖州知州的任命被罢，赵明诚一下子没有了职务差遣，他和李清照又有许多藏品要运走，遂决定走水路，溯长江而西，准备往赣江一带的江西（江南西路）寻个地方先住下来。江西有湖北（荆湖北路）、淮西（淮南西路）、京西（京西南路）之拱卫、屏障，相对要远离宋金对峙的前线区域，当然也就更安全，又能走长江水路，在当时确实是一个选择。

于是，李清照与赵明诚乃舟行离开江宁府，往芜湖行去时，先过乌江。这里是不可一世的西楚霸王项羽自刎之所，有西楚霸王祠。按照《金石录》记载，其中有《西楚霸王祠堂颂》的碑刻，乃唐朝天宝十三载（754年）大臣贺兰进明所撰，贺兰诚所书。很可能赵明诚遂停舟乌江之畔，前往霸王祠欣赏、记录下了唐朝的碑刻。

李清照应该就是在此时写了著名的《乌江》（一作"夏日绝句"）：

生当作人杰，

死亦为鬼雄。

至今思项羽，

不肯过江东。

项羽二十四岁起兵，二十六岁灭秦，然后行天子之权分封天下，虽然五年后，即三十一岁兵败身死，却始终不肯渡江苟延残喘，固不失为一世之雄，也当得起"羽之神勇，千古无二"的评价。在李清照看来，大丈夫之生也，行当行之事，轰轰烈烈，能功业彪炳诚然为好；若事有不济，死亦何惧？不能畏首畏尾，当如英雄般直面自己人生的末路，敢作敢为，如是而已。因此，在李清照的角度，很可能公公赵挺之尚且有值得尊重之处，而丈夫赵明诚"缒城宵遁"真是可耻之已极！当然，靖康丙午之难至今，又不知多少士大夫、武将寡廉鲜耻，曾不如匹夫、匹妇之为守故土而死！

这首诗所指向之明确，恐怕赵明诚是不可能读不出妻子的讥讽的。但如今，我们不能确知赵明诚是否读到过这首诗，更不知晓他的具体反应。想来，如果赵明诚读了，也是不会感到好受的。但事已至此，还能如何呢？且向赣江方向继续上路吧！

到了盛夏五月天，高宗移跸江宁，改名为建康府。这时候，李清照与赵明诚已经坐船到了江东池州（池阳），忽然又有朝旨起复，再令赵明诚前往湖州担任知州。大约在南宋小朝廷看来，如今方是用人之际，左右逃跑的文臣武将也不是一个两个了，反正法不责众，赵明诚总是故相之子，还是值得信任的，何况他弃城之后不是又回去了吗？可见还是心里存了点君父邦国的，就罚酒三杯，反思过后重新任用吧！

对赵明诚而言，这总是一件好事。并且，朝旨令其赴阙陛辞，这可是面见新皇帝赵构的机会，说不得留下了好印象的话，往后的仕途可就宽了！

按照《金石录后序》，此后的变故之快，是令人毫无准备的。《金石录后序》云：

> 六月十三日，始负担舍舟，坐岸上，葛衣岸巾，精神如虎，目光烂烂射人，望舟中告别。余意甚恶，呼曰："如传闻城中缓急，奈何？"戟手遥应曰："从众。必不得已，先弃辎重，次衣被，次书册卷轴，次古器；独所谓宗器者，可自负抱，与身俱存亡，勿忘之！"遂驰马去。途中奔驰，冒大暑，感疾。至行在，病痁。七月末，书报卧病。余惊怛，念侯性素急，奈何！病痁，或热，必服寒药，疾可忧。遂解舟下，一日夜行三百里。比至，果大服柴胡、黄芩药，疟且痢，病危在膏肓。余悲泣，仓皇不忍问后事。八月十八日，遂不起，取笔作诗，绝笔而终，殊无分香卖履之意。葬毕，余无所之。

到夏六月中旬，赵明诚遂准备前往皇帝驻跸所在的建康府"见谢辞"，然后才能赴任湖州知州。这是因为按照宋代制度，地方官一般在任满或改任差遣以及获得新任命时，需要赴阙面圣，向皇帝"辞谢"，知晓恩之出于上，而非二三大臣。高宗刚刚成立南宋朝廷才两三年，也就更需要通过让臣僚陛辞来加强对地方的掌控了，这一时期的"见谢辞"大约已不似北宋多为礼仪性质，而是需要地方官上殿奏事的。但这也意味着对赵明诚而言是个机会，或许出于这些原因，他坐岸边与船上的妻子李清照告别时显得精神奕奕、神采过人。毕竟此前因为弃城而逃的劣迹,湖州任命已遭罢免,现在政治生命复活过来,又可以面圣奏事,也是很值得高兴的。

但不知为何,李清照似乎有些不祥的预感,可又说不清是什么,只知道对此番的暂别极是"意甚恶"。她高声问岸边的丈夫:"如果我在城中遇到紧急之时,该怎么办?"赵明诚伸出两根手指,应道:"跟着城中众人吧!逼不得已时,先丢下辎重大件,然后是衣服被褥,次则书籍画卷,再次则古器。唯独家中祭祀之器,你且随身携带,人在则祭器在,千万勿忘!"

国之大事,在戎在祀。对一个古代家庭,特别是官宦之家来说,宗族祭祀当然是头等大事之一,因而家族祭器不可丢,这是必然的。赵明诚嘱咐后,便策马疾驰而去,空留下李清照在船首凝眸远送。

入秋以后,七月末尾,清照却收到了丈夫说自己卧病在床的书信。原来,赵明诚暑热天气奔赴行在,路上便落下了疾病。到了建康府,果然疟疾发作。疟疾在古代是很要命的毛病,李清照完全明白这一点,何况赵明诚一向性急,疟疾多半会发烧,恐怕丈夫一定会服用寒性药物,只怕用药过猛,一时间病躯反而撑不住!

于是,李清照乘船顺流东下,昼夜不息,一天要走三百里水路。等她赶到建康府赵明诚身旁,丈夫竟已是病入膏肓,不光疟疾,更是并发痢疾,猛泻不止,一看其用药,果然服用了大量柴胡、黄芩,病症未除,身体却先垮了。

李清照不免悲从中来,唯流泪而已,亦不忍心问身后之事。到了八月十八日,赵明诚终于是一病不起了,他取笔作诗,写完便咽了气,并没有留下任何分配家产的遗嘱。

这一年,赵明诚四十九岁,而李清照方四十六岁。

作为寡妻,她只能勉力办理亡夫的丧葬之事,可能得到了当时正在建康任从二品高官兵部尚书的赵明诚姨兄谢克家之帮助(后者至九月方罢为徽猷阁学士、知泉州)。根据谢克家之子谢伋《四六谈麈》记载,李清照为赵明诚写有祭文,即《祭赵湖州文》,不过今日亦只能见其中两句了。是为:

白日正中,叹庞翁之机捷;坚城自堕,怜杞妇之悲深。

第一句用的是《景德传灯录》中庞蕴居士与女儿灵照的典故。其时庞蕴居士知道自己将入灭涅槃,令女儿至日中则入报,准备以正午而入寂灭。后女儿灵照来报日中,庞蕴居士往庭中观天,等回到房内,发现女儿已合掌坐亡,先入涅槃。庞蕴居士笑道:"我女锋捷矣。"于是更延后七日才入寂灭。清照用这个典故,便是写出亡夫赵明诚去世的突然,走得如此之快,实在令人难以接受,除了希望其是如开悟的灵照、庞蕴居士那样自取寂灭之时,证道而得解脱,还能说什么呢?

第二句用的是春秋时齐国大夫杞梁之妻哭城的典故。杞梁为齐庄公大臣,受命攻打莒国,一说被俘而死,一说死于攻城。后其妻哭城,传说"十日而城为之崩"。不过,杞梁妻哭倒的究竟是哪座城,有许多不同说法,至宋朝,一般认为哭崩之城是莒城。这种哭城后来就演变为孟姜女之哭长城。总之,清照在此处无疑是以杞梁之妻自比,极写对亡夫赵明诚去世的莫大悲恸。

丈夫丧葬之事毕,李清照自己也倒下了。

《金石录后序》云:

>……葬毕,余无所之。
>
>朝廷已分遣六宫,又传江当禁渡。时犹有书二万卷,金石刻二千卷,器皿、茵褥,可待百客,他长物称是。余又大病,仅存喘息。事势日迫,念侯有妹婿,任兵部侍郎,从卫在洪州,遂遣二故吏,先部送行李往投之。

当时的宋金形势非常紧张。完颜粘罕(完颜宗翰)等当权的金国主战派仍致力于彻底消灭南宋,兵锋不断南侵。李清照在建康听闻朝廷已经遣散后宫人众,又有封锁长江防线,不许一人一船南渡的说法。连续的舟车劳顿和悲伤过度让李清照一度病重,只能在卧室之内静养。待病体稍泰,她检视一家所藏,仍有书籍两万卷、金石碑刻两千卷,器皿、被褥床垫等生活起居之用的物品,也仍可满足一个大家族之用,其他物品也大致与此数量相当。(经历过数次物品的丢弃、损失,仍有这么多,更可佐证我们对李清照在赵氏家族中生活水平的推断。)

她决心要承担起责任,履行池阳之别时赵明诚在岸边对她的嘱咐,毕竟这是天人永隔之下,所能为赵明诚做好的不多的几件事之一了。但眼下兵荒马乱,外有北房金人要南下侵略,内则土贼流寇肆虐无常,一个有许多家产的弱女子,怎么可能妥善地保护好呢?恐怕不光做不到这一点,甚至还会带来许多危险。左思右想之下,李清照决定派亡夫赵明诚的两个老部下(宋代高级官员有数量不等的"元随",中层官员一般亦有"傔人"一至数名)带着大部分物品前往洪州,因为赵明诚的妹婿李擢当时正任兵部侍郎,扈从隆祐太后在洪州,往投这位待制侍从高官,应是最好的选择了。

此时期,李清照填有一首《山花子》:

病起萧萧两鬓华,卧看残月上窗纱。豆蔻连梢煮熟水,莫分茶。

枕上诗词闲处好,门前风景雨来佳。终日向人多蕴藉,木樨花。

四十六岁的李清照说自己鬓角已有些许白发,她卧病颇久,从所服豆蔻汤来看,大约是因为照顾临终的赵明诚,恐怕被蚊子叮咬而被传染了疟疾。因此病中连茶也不敢喝,只能稍有精神时欹枕闲看诗词而已。好在终于病体转愈,李清照见着门前桂花(木樨花),心情为之暂时稍稍宽解一二。

可谁能想到,此后南北之间,形势急转直下!

在七月下旬朝廷命执政张浚宣抚川陕,前往经略关中之后,女真一方的"四太子"完颜兀术(完颜宗弼)便作为金人南侵大军统帅,兵分三路,意欲渡过长江,生擒高宗赵构。

闰八月,考虑到军事力量尚不足,南宋朝廷只得放弃两淮,而将防线主要布置在长江一带。刚被拜为右相的杜充出为江淮宣抚使,镇守建康,将兵十数万人,为主要防御力量;又安排韩世忠为浙西制置使,驻防镇江;以刘光世为江东宣抚使,守御太平(今安徽当涂)与池州……

当此之时,极其荒唐的一幕发生了。

李清照康复未多久,仍须在建康静养,却来了一个不速之客。这个人便是皇帝赵构的"私人医生"王继先。之所以说是"私人医生",乃因为王继先并非翰林医官院里的那类典型的医官、御医,而是几乎专门为高宗赵构服务,如今已是医官中最高阶的从六品和安大夫,并得了"开州团练使"的遥郡美官。这王继先家本世代行医,有着治疗风症的祖传秘方"黑虎丹",人称"黑虎王家",现在深得皇帝宠信,可能与其为"遂病薰腐"的天子赵构调配一些特殊的药物,助其人道有关。

这样的皇帝身边之人,李清照当然是不能怠慢和得罪的。无奈之下,她只得在寓居的住所里见了王继先一面。王继先声称,听闻故秘撰赵氏(赵明诚身前殿阁职名为从六品秘阁修撰)家中收藏古器甚多,愿出黄金三百两买下。

黄金三百两固非廉价,但这些种种收藏是亡夫赵明诚和自己多少年来的心血,承载了二人不知多少"赌书泼茶"的美好回忆。李清照是不愿意卖的。但恐怕她不能当场拒绝王继先。因为谁能分清,这究竟是王继先的个人行为,还是他在替驻跸建康的皇帝赵构来索要古玩器皿呢?

闰八月十六(壬辰),兵部尚书谢克家上奏此事,并说:"恐疏远闻之,有累盛德,欲望寝罢。"谢克家是赵明诚姨兄,是否李清照向他求助了呢?抑或谢克家听闻了此事以后,主动上奏?这些都已不得而知。总之,谢克家的进言显然也暗示,王继先跑去李清照那要求买古器,或许背后的"买家"正是皇帝赵构。不得已,赵构批令三省向王继先问清事实,仿佛他毫不知情。

十天后,二十六日(壬寅),随着更多前线的坏消息传来,赵构乃从建康府乘御舟出逃,并甚至做了准备,要入海躲避金人的兵锋。于是,行朝随天子先往南撤回了临安(七月时升杭州为临安府),而金军正由挞懒(完颜昌)、兀术(完颜宗弼)、拔离速、马五等分道并进,其势极凶。至十月,皇帝赵构再往南退至越州[后于绍兴元年(1131年)升越州为绍兴府],西路金军拔离速、马五已陷黄州,渡过长江后直奔隆祐太后孟氏所在的洪州。东路大军由兀朮亲自统率,到十一月下旬,金军在马家渡击败宋军,兀朮兵抵建康,建康府留守、户部尚书李梲以及显谟阁直学士、沿江都制置使陈邦光献城降敌。前线最高指挥右丞相杜充只得率部退守真州。值得一提的是,李清照的两个舅舅,抚州知州王仲山、袁州知州王仲嶷均献城投降金人。而王仲山不光是故相王珪之子,李清照母亲之兄弟,更是秦桧的丈人。

得知建康失守后,皇帝赵构再乘海船出逃,往明州（今宁波）而去。时局十分动乱了,洪州方面扈从隆祐太后的卫队有上万人逃散,甚至其中将校也出逃为盗寇……一派纷乱之象。

《金石录后序》云：

冬十二月,金寇陷洪州,遂尽委弃。所谓连舻渡江之书,又散为云烟矣。独余少轻小卷轴书帖,写本李、杜、韩、柳集,《世说》《盐铁论》,汉唐石刻副本数十轴,三代鼎鼐十数事,南唐写本书数箧,偶病中把玩,搬在卧内者,岿然独存。

上江既不可往,又虏势巨测,有弟迒,任敕局删定官,遂往依之。

原来,到了建炎三年(1129年)年底,洪州也沦陷了。原本托付给身在洪州的赵明诚妹婿李擢的种种书籍、金石碑刻、器皿物件等又都化为乌有了。倒是一些分量轻、体积小的卷轴书帖和一些唐人诗文写本等放在卧室中随手翻看的,幸免于难了,念及此,李清照实在不知作何感想。

这样的寒冬里,李清照又写下两首借咏梅而悼亡的词,其一即

《孤雁儿》：

> 藤床纸帐朝眠起，说不尽，无佳思。沉香烟断玉炉寒，伴我情怀如水，笛声三弄，梅心惊破，多少春情意。
>
> 小风疏雨潇潇地，又催下，千行泪。吹箫人去玉楼空，肠断与谁同倚？一枝折得，人间天上，没个人堪寄！

一日清晨独自醒来，卧室内依旧是空寂无人。李清照心头当然也只有惆怅情绪。沉香烧了一夜自是已尽，四顾纸帐上所画的梅花，仿佛听到了笛声阵阵，莫不是《梅花三弄》的曲子么？东晋名士王徽之与"笛圣"桓伊不交一言，而桓伊为其弹奏《梅花三弄》，人之相知可以如此。想当年，自己和丈夫赵明诚也是情投意合，然而玉笛声消，梅花空落，终究是吹箫人去，唯有弄玉尚留，岂非泪下千行，不知其止！"吹箫人去玉楼空，肠断与谁同倚"指向的是萧史、弄玉相爱的典故，更证明了这是悼亡词，且与此前我们对《凤凰台上忆吹箫》的推断是吻合的，即萧史(吹箫人)谓赵明诚，而弄玉指李清照。

所谓"江南无所有，聊赠一枝春"。而李清照反谓，虽能折一枝梅花，可这人间天上，又能寄相思予谁呢？毕竟和赵明诚已经天人永隔！

其二为《清平乐》：

> 年年雪里，常插梅花醉。挼尽梅花无好意，赢得满衣清泪。
>
> 今年海角天涯，萧萧两鬓生华。看取晚来风势，故应难看梅花。

往日赏梅沉醉的好心情如今是再也难有了。折枝在手,却是半晌恍惚,蜡梅被揉搓得片片坠落,空换取泪满衣裳……李清照再次提到了自己"两鬓生华",迟暮伤怀之余,一句"看取晚来风势"更是喻指当时内外交困的危急时局,故如何能有心情赏梅呢?更何况,"今年海角天涯",可能在建炎三年(1129年)冬,李清照已经启程,离开了建康府。其原因自然也是要躲避金人兵锋,以逃兵燹之祸罢了。

由于长江中游(宋人惯称上流)方向已经去不得了,金军数路南侵,便是江西一带也未必安全,原先卜居江西的计划显然不能实施,考虑再三,李清照决定去追随行朝所在,毕竟弟弟李远正在担任"敕局删定官",可往投奔。

在建炎四年(1130年)春(实际应已于建炎三年年末出发,问题较复杂,详后),李清照已踏上了"征程"。她填词《浪淘沙》一首:

> 帘外五更风,吹梦无踪。画楼重上与谁同?记得玉钗斜拨火,宝篆成空。
>
> 回首紫金峰,雨润烟浓。一江春浪醉醒中。留得罗襟前日泪,弹与征鸿。

要确定这首词的关键是弄清楚下阕中说的"回首紫金峰"之问题。按今人所指紫金山,即江苏南京之紫金山,而现代的南京正是宋代的江宁府(建康府)所在,是否清照所说的"回首紫金峰",即指离开建康时回望紫金山呢?然而,考诸宋人著作,似当时不称江宁(建康)之钟山(金陵山)为紫金山。如南宋《曲洧旧闻》记载,苏轼自黄州量移汝州,与二次罢相后的王安石"相逢一笑泯恩仇",王安石邀请苏轼往

"蒋山"一游,是则以"蒋山"称钟山,而不名"紫金山"。又或直接称"钟山",如王安石《怀钟山》诗云"投老归来供奉班,尘埃无复见钟山"。又据南宋地理类书《方舆胜览》:"钟山:在上元县东北十八里。《舆地志》'古曰金陵山,县名因此;又名蒋山。汉末秣陵尉蒋子文讨贼,死事于此。吴大帝为立庙,子文祖讳钟,因改曰蒋山。'"而宋代称"紫金山"者,按《方舆胜览》,一则在徽州歙县东三十五里,一则在德安府西北(今湖北安陆),一则在寿春府。因此,李清照词中提到的"紫金峰"当并非建康府之钟山(蒋山)。不过,有一种看法说当时也已经有以"紫金山"名"钟山"者,考其出处,乃在明人所著《山堂肆考》中,谓"钟山,旧名金陵山,在建康北……晋元帝渡江,望气者云:'山有紫气。'又改曰'紫金'"。然宋人典籍中既然不见称钟山为紫金山者,晋元帝之说又晚出于明朝,故不取。

那么,这一"紫金峰"究竟指哪里呢?宋人米芾有词《渔家傲·金山》,乃云"昔日丹阳行乐里,紫金浮玉临无地"。按丹阳县者,即镇江府所辖也,而《方舆胜览》中镇江府"金山"条下云"南朝谓之浮玉山",是以镇江之金山别称浮玉,而紫金所指应是浮玉山,盖宋人以紫金峰名金山也。

再考察李清照出建康追赶行朝、投奔弟弟李迒的路线,当正是沿长江经镇江府往东,而一路向南。这样便能确定,清照所说的"回首紫金峰"指的是镇江的金山,更能进一步确定这首词作于建炎四年(1130年)春,她离开镇江以后。

上阕云"画楼重上与谁同",抒孀居寡妻之孤寂可谓甚明。虽有舞榭歌台,却是良辰美景虚设,更有何益?因为身旁已空无一人,唯有五更天吹散梦境的寒风而已!想那闺房之乐,自己与赵明诚在香上亲书篆字为十二时辰,诗书相读之余,用玉钗闲拨香火,而今宝篆之香已焚尽成空,斯人已逝为坟茔长眠于地下……

清照回看镇江的金山紫金峰,实则也是一路回首,回首她与赵明诚三十年来婚姻生活的点点滴滴,俱是烟雨之中,化为东流之水,成一江春浪。纵然人生长恨,却不知是醉耶、醒耶?欧阳修谓"山色有无中",而清照云"一江春浪醉醒中",当此悲恸至深时,人之醒醉已难分难辨,仿佛这有形有色的器世间也只不过是镜花水月的虚拟,究竟何者才是可以抓住的"真实"呢?

整首词最感人肺腑的还属最后一句,"留得罗襟前日泪,弹与征鸿"。自赵明诚病重逝世以来,不知多少个日夜的悲泣成了"前日"之泪,然眼枯见底亦何用?这天地无情,夺我良人,又安能转圜复生?所至悲者,虽泪如雨下,而无人可寄,便手挥五弦,目送归鸿,让这些泪语都随风而去吧!

李清照踏上了避难的征途,可她不知道,生命中更不堪的苦难正要到来。

一枝折得，人间天上，
没个人堪寄！
——《孤雁儿》

第十三章
我报路长嗟日暮

建炎四年(1130年)春,李清照已经过镇江而南下,她将一路追赶皇帝和行朝之所在,为的是投奔身在敕局任职的弟弟李迒。

《金石录后序》如此记载这段经历:

> 上江既不可往,又虏势叵测,有弟迒任敕局删定官,遂往依之。到台,台守已遁。之剡,出陆,又弃衣被。走黄岩,雇舟入海,奔行朝。时驻跸章安,从御舟海道之温,又之越。庚戌十二月,放散百官,遂之衢。绍兴辛亥春三月,复赴越,壬子,又赴杭。

后世颇谓李清照叙述之路线或有疑问,为弄清此一问题,姑整理高宗赵构与行朝之进止如下:

建炎四年(1130年)正月初二(乙巳)泊台州港口,初三(丙午)御舟至章安镇(台州临海县),十八日(辛酉)离章安,二十一日(甲子)泊温州港,二十三日(丙寅)泊温州之馆头。二月初二(乙亥)御舟至温州江心寺,十七日(庚寅)入温州,驻跸州治。三月十九日(辛酉)离温州,三月二十日(壬戌)次章安,二十九日(辛未)次明州定海县。四月初三(甲戌)至明州城外,初四(乙亥)离明州,初五(丙子)次越州余姚县,十二日(癸未)驻跸越州州治。

是以由台州港、章安镇、温州港、温州馆头、江心寺、温州城、章安、明州定海县、越州余姚、越州城这样一个路线顺序。此后,高宗与行朝驻跸越州,直到绍兴二年(1132年)正月十日(壬寅)才离开越州(当时已升为绍兴府),前往临安驻跸。

与《金石录后序》中李清照的路线作比较来看,主要的疑问在于,李清照是何时追赶上行朝的?其中有一个关键信息,即"到台,台守已遁"。这说的是台州知州弃城而逃。那么这个台守是谁呢?

据《宋史·高宗本纪》三:

> 四年春正月……丁卯,台州守臣晁公为弃城遁。

晁公为正是李清照父亲李格非好友,苏门四学士之一的晁补之的儿子。并且晁补之很可能就是李清照少年时在诗词上的启蒙恩师。我们在叙述李清照《新荷叶》这首向晁补之贺寿的寿词中已经提到了晁公为,即"芝兰为寿,相辉映、簪笏盈庭",此句所指的是二子晁公为、晁公汝率满座簪缨之宾客,向父亲大人祝寿的事情。李清照虽对晁公为和亡夫赵明诚一样弃城而走的行径感到鄙薄,但毕竟要照顾晁补之的在天之灵和身后之名,因此只说"台守",而不说是谁。

晁公为弃城而走是在正月二十四日(丁卯),如此,则李清照至台州,不可能早于这一天。《金石录后序》与皇帝、行朝路线的矛盾似乎就出在这里。按照李清照的叙述,她赶到台州时发现晁公为开溜,天子、行朝也都已经离开,于是只能立即决定走水路,经剡溪(今浙江嵊州市西南)走黄岩(今宁波奉化区一带),所谓的"出陆"应就是舍陆路,走水路之意。《金石录后序》旧本作"之剡,出睦",睦指睦州,想必是抄本传写刻印之误。因为睦州是北宋宣和三年(1121年)之前的称谓,此后改称严州,且严州远在临安府西南,更距台州西北约七百里,距剡溪以西则约五百里,不可能越赶路越往离海道远而内陆深处走。

在由剡溪走黄岩的途中,李清照不得已,乃丢弃衣物、被褥等物品,随后"雇舟入海,奔行朝"。关键是后头紧跟着一句"时驻跸章安,从御舟海道之温,又之越",连起来读,则似乎李清照赶到章安镇时终于追上了行朝。然而,这可能吗?

皇帝正月十八日离章安,则晁公为弃台州而逃必定在此之后,《宋史·高宗本纪》应无误。那么,假如李清照果然在正月十八日前抵达章安,是如何知晓正月二十四日晁公为的弃城而走呢?因此,这一句话必须如此理解:因为听闻皇帝驻跸章安,于是到黄岩雇船追赶行朝,但到章安时才知道御舟已经走海道前往温州,于是李清照乃乘海船跟随御舟的路线,前往温州。这一"从御舟"应当并非已追上御舟、行朝,或身处御舟船队中的意思,而是御舟已行,只能跟从其路线往温州而已。如此,方不至于在时间线索上与《宋史》记载的晁公为出逃弃城日期相矛盾。

从御舟正月二十三日即泊温州之馆头来看,李清照晚于二十四日方抵达台州,她和行朝之间至少差了十天以上的水陆之程。而皇帝和行朝离开温州乃在三月十九日,李清照很可能是在温州追赶上了行朝,而非台州章安镇。这才在时间和路程上具备合理性。

此后,御舟在三月二十日停靠章安,二十九日便抵达明州(今宁波)定海。到四月初五则抵达越州余姚。按李清照的叙述,她此后跟随行朝的路线,前往了越州。但如今不能明确,她也是如上停靠,还是直接船抵越州。

不过,我们已经能比较清晰地重建李清照追赶行朝的过程了,即在正月二十四日后才抵达台州,听闻行朝已在临海县章安镇,于是过剡溪,再赴黄岩,雇船走海道至章安。到了章安,知道了御舟已经前往温州,乃继续坐船赶路,终于在温州赶上了行朝。此后又前往越州。

然而,《金石录后序》中的一段插叙仍会制造一定的困惑:

> 先侯疾亟时,有张飞卿学士,携玉壶过,视侯,便携去,其实珉也。不知何人传道,遂妄言有颁金之语。或传亦有密论列者。余大惶怖,不敢言,亦不敢遂已,尽将家中所有铜器等物,欲走外廷投进。到越,已移幸四明。不敢留家中,并写本书寄剡。

这是说在建炎三年(1129年)赵明诚病重时,有一位叫张飞卿(应即"张汝舟",情况亦较复杂,详后)的官员,带了一个玉壶来找赵明诚鉴定。他大约一是来探病,但主要恐怕是因为赵明诚是这方面的专家,所以想请他看一看这个玉壶,然而,赵明诚看出这不过是个用似玉的石头做成的壶罢了。李清照接下来写得很含蓄,说不知什么人在传播一种说法,即"颁金",所谓皇帝要赐金给她,来购买赵明诚留下的藏品。甚至据说有人在秘密地拿这件事做文章,所谓"密论列者",恐怕这个人正是我们此前提到的赵构之私人医生王继先。

随后,我们得知了李清照追赶行朝的第二个原因,即她因为"颁金"的流言而感受到了巨大的压力和恐惧,无非是匹夫无罪、怀璧其罪。大约在她想来,道君皇帝那么喜欢文艺收藏,其子赵构可能也差不多吧。既然皇帝如此惦记,加之身处乱世,李清照终于明白这些藏品或许只会给自己带来灾祸。因此她决定,要将大部分藏品"献"给朝廷。

到这里为止,这些叙述都没有太大的问题。且我们应该假定,张飞卿和赵明诚的相遇,李清照并不在场,而是由丈夫赵明诚在死前所告知的(这种假定的原因详后)。关键是"到越,已移幸四明"这一句,这使得此前《金石录后序》中所说的"到台,台守已遁……又之越"的路线又出了问题。因为建炎四年(1130年)四月高宗赵构驻跸越州后,他从未去往四明(明州),要一直到绍兴二年(1132年)才离开越州(时绍兴府)。

难道因为《金石录后序》是绍兴四年(1134年)所作,时隔数年后李清照的记忆有所错误,才导致了这一矛盾吗?

实际上,李清照并没有写错。"先侯疾亟时"所说的时间线,已明确了"到越,已移幸四明"的时间也是建炎三年(1129年)。考《宋史·高宗本纪》二,其在建炎三年(1129年)十一月时正在越州,十二月初二(丙子)抵达明州(四明),这就符合了李清照的叙述。并且,越州在绍兴元年(1131年)十月即升为"绍兴府",亦可证"到越,已移幸四明"的叙事,不可能在绍兴元年(1131年),同时因不能在建炎四年(1130年),便只有置于建炎三年(1129年)才能合理。

那么显然,李清照离开建康府的时间至迟在建炎三年(1129年)十一月或十二月初,当时,她还不知道皇帝已驾幸明州,而是以为还在越州。《金石录后序》随后说的"不敢留家中,并写本书寄剡"也与其上文"到台,台守已遁。之剡,出陆"相符合。她不敢再携带诸多藏品,而是和写本书籍一起令人运至剡溪,以便靠船运送达行朝所在。

此后,在建炎四年(1130年)正月,皇帝率行朝自明州赴台州,而李清照则亦奔台州,后续的路线便都能一一吻合了。

整个这段追赶行朝的路线,经重建后应是:

建炎三年(1129年)冬出建康而经镇江南下越州,随后建炎四年(1130年)春"到台……之剡……走黄岩,雇舟入海,奔行朝。时驻跸章安,从御舟海道之温,又之越"。李清照抵达越州时至少已是初夏时节了。

一首不同以往"婉约"风格,颇为"豪迈"的《渔家傲》应即填于海道之行期间。该词如下:

> 天接云涛连晓雾,星河欲转千帆舞。仿佛梦魂归帝所,闻天语,殷勤问我归何处。
> 我报路长嗟日暮,学诗谩有惊人句。九万里风鹏正举。风休住,蓬舟吹取三山去!

上阕首句之"云涛"便是指海上的波涛,而凌晨的梦中,清照仿佛看到了银河笼罩之下,千帆竞舞,溯流而上,由人世间的大海飞上了云霄,直达天帝所在的居所。建炎四年(1130年)的李清照已四十七岁。到了人生的这个阶段,她孤苦一人,而女子在当时又处于社会中的弱势地位,在其内心的深处,便也不由得要问一问这天地间的主宰,自己的人生应该归向何处,落脚在哪里呢?所谓的天帝之问,其实不过是李清照自我意识的投射,是她对自我的追寻和拷问。

因而,下阕她回答说"我报路长嗟日暮",人生的路如此崎岖坎坷,苦难之多,好像总也走不完,倏忽之间又已迟暮,何其无奈呢!这句词实则正是从屈原的《离骚》所化用,即"路漫漫其修远兮,吾将上下而求索""欲少留此灵琐兮,日忽忽其将暮"。这正印证了天帝之问实则是清照之自我拷问。而一路走来,唯独可以称道一二的不过是诗词之小技,纵然空有惊人句,又能如何呢?李白云"吾非济代人",苏轼说"康时术已虚",诗词之无用,一不能匡济天下,二不能拔救己身,李清照在家国遭难和丈夫的去世里,只感受到了深深的无力。

庄子在《逍遥游》里提到了鲲鹏之变,而大鹏抟扶摇而上者九万里……李清照觉着,虽然眼下她渺小无助,然而庄子不也暗示了极小与极大的转变吗?按《尔雅·释鱼》"鲲,鱼子",本名鱼卵而已,却能成为"不知其几千里"之大鱼,小与大岂非相对?因此她多么希望,自己也能在海中如鲲之化鹏!能乘风飞升,直上九万里之云天,且让这风不要停歇,一直吹她到蓬莱、方丈、瀛洲这样的三山仙境、方外之地吧!李清照想摆脱俗世的束缚与无尽的烦恼,她在梦中寻求一种出世间的解脱。

这首《渔家傲》是如此出彩,以至于苛刻的清人云,"有出世之息,笔意矫变""浑成大雅,无一毫钗粉气"。梁启超更是评价说"此绝似苏、辛派"。

李清照"海道之温",而那些"所有铜器等物""并写本书寄剡"者,后来怎么样了呢?李清照又在天子驻跸的越州生活得如何呢?《金石录后序》也给出了答案。如下:

> 后官军收叛卒,取去,闻尽入故李将军家。所谓岿然独存者,无虑十去五六矣。惟有书画砚墨,可五七簏,更不忍置他所,常在卧榻下,手自开阖。在会稽,卜居土民钟氏舍。忽一夕,穴壁负五簏去。余悲恸不得活,重立赏收赎。后二日,邻人钟复皓出十八

轴求赏,故知其盗不远矣。万计求之,其余遂牢不可出。今知尽为吴说运使贱价得之。所谓岿然独存者,乃十去其七八。所有一二残零不成部帙书册,三数种平平书帖,犹爱惜如护头目,何愚也邪!

原来,寄往剡溪的种种藏品,在一次官军收捕叛乱兵卒的过程里被"收缴"了,听闻落入了一个姓李的武将手中(今不详何人)。在南宋初年,那些成分复杂的"大宋官军"与金人和匪寇的区别并不很大,当时的大臣汪藻就曾说:"东南遭戎马之祸……而国家迫于养兵,征敛未息,重以群盗窃发,官军所至焚烧,无以制之。"可见,金兵以外,官军居然是和横征暴敛、土贼流寇所并列的几大残民祸害之一!这也就可见乱世里兵匪一家的状况了。因而,李清照在外的藏品又失去大半,所谓"十去五六"。此后,一些书画卷轴大概也就几个箩筐的量,李清照便放在床下,再不敢存于他处。

从"在会稽,卜居土民钟氏舍"便可以知道李清照在越州,随皇帝赵构驻跸时期而长期居住的情况。当时,她应该是租住在当地一户钟姓百姓家中,不过想来应是当地的豪强形势人户,否则是不具备屋舍广阔,满足李清照这样的官宦人家寡妻租住和藏品存放的诸多需求的。

然而,正是在钟氏家中居住时发生了"意外"。我们不清楚是这一夜李清照睡得特别沉,还是盗贼用了何种特殊的手段,总之清照存放藏品的屋舍被挖出一个洞来,其中五筐藏品遂遭盗去。按照李清照的说法,这已是她相对原先而言为数不多的藏品了,因此悲痛欲绝,乃令人在城中布告,以重赏求赎回藏品。过了两天,竟是邻居名钟复皓者拿来了十八幅书画卷轴求赏。至此,李清照已明白,那个"梁上君子"恐怕正是这位钟复皓。想必是出于愤恨,她才在《金石录后序》中特地写下了此人的姓名,而非如"到台,台守已遁"那样,为晁补之而讳言其子晁公为之名。

于是,李清照千方百计,使出浑身解数来哀求钟复皓,请他拿出其他藏品,但终究是徒劳,只能重金"买回"这十八轴书画而已。后来大约过了数年,她才知道,其他东西早已都被福建转运判官吴说以贱价给买去了。转运判官是一路漕司中仅次于转运使副的副贰官长,要是本路只有副使,则运判便是次长官,亦属监司大员,因此已是遗孀的李清照只得放弃讨要,权作不知了。

在越州失窃之后,李清照盘算了下还剩下的藏品,真所谓"十去七八",所存书籍也多不成套,碑帖等亦多只是平平之作,她不由感慨,尚且爱惜如护自己之头颅、双眼,何其愚蠢!

不过,也有不少观点认为,李清照在《金石录后序》中夸大了自己的损失,这似乎亦存在一定可能。

另一方面,自建炎三年(1129年)末以来,金军的气焰可谓嚣张狂暴之已极。建炎四年(1130年)正月最危险的时候,金军以缴获的舟船组成临时舟师攻昌国县(今浙江舟山),想要袭击皇帝赵构所在的御舟,至碛头,被枢密院提领海船张公裕率大船击败。当时天子听闻明州失守,乃继续向南,与金人海路只差一天之程。此后,在缺乏大海船,加之风雨天气等原因的影响下,未能完成"活捉赵构"目标的金兀朮在明州倡言"搜山检海已毕",下令金军如扬州例,对明州城同样进行烧杀抢掠,焚城屠杀后再撤退回临安府。抵达临安后,遂又纵火杀掠,大火三天三夜不绝。金军自临安再北撤至平江府(今苏州),同样掳掠金

第十三章 我报路长嗟日暮

帛女子、焚城烧杀,火光百余里外尚可睹见,五昼夜方灭。当时,皇帝赵构任命的前线抗金负总责的最高指挥,即宰相杜充也已经向金兀术投降,而内地土贼流寇之外,更有"吃菜事魔教"起义作乱,整个东南局势,糜烂不堪。

四月初夏,天子与行朝驻跸越州时,大将刘光世麾下王德正在贵溪围剿"魔教"头目王念经所部。而远在北方的"二圣",道君皇帝赵佶与渊圣皇帝赵桓则在秋七月被金人带去了更北面的"五国城"(今黑龙江省哈尔滨市一带)。同时,七月中金人立刘豫为"皇帝",建国号为"大齐",都原北宋大名府,令其向大金称臣,世修子礼。这当然是女真人想要建立一个傀儡国,以作为金与宋之间的屏障,同时可以驱伪齐攻宋,又可令伪齐征税赋以供奉女真统治者,所谓一举数得。

在越州得知伪齐之立后,李清照写下一首《咏史》:

两汉本继绍,
新室如赘疣。
所以嵇中散,
至死薄殷周。

这首五言诗针对刘豫和伪齐的意思再清楚不过。前两句谓前汉与后汉(即今所谓西汉、东汉)本相继承,而王莽篡位建立的所谓"新朝"才是犹如毒瘤之多余而有大害!显然,"两汉本继绍"谓靖康以前的宋室与如今天子赵构的"南宋"是一脉相承的,只有宋朝才具备统治的合法性,而伪齐便如王莽之新室一般,岂可视为合法!李清照更说,这就是何以魏晋时期的嵇康"非汤武而薄周孔"。按嵇康者为魏国当时反对司马氏代曹氏的主要士大夫之一,因此用"非汤武而薄周孔"表示商汤伐夏桀、周武伐殷纣都是臣子逆君父,是不被容许的,即借此来指斥刘豫的篡伪不得人心。

连一向评价他人极是苛刻的老夫子朱熹亦说:"本朝妇人能文,只有李易安与魏夫人。李有诗,大略云'两汉本继绍,新室如赘疣'云云。'所以嵇中散,至死薄殷周。'中散非汤武得国,引之以比王莽。如此等语,岂女子所能!"朱熹以为这样微言大义、褒贬分明的大胆诗词,简直绝不是女子的胸襟所能写就,因而也即对李清照极高的赞许了。我们不用去理会朱熹对女性的轻视,只需看到,这正是易安居士巾帼不让须眉的明证,就算是朱熹亦无法违心否认。有趣的是,"魏夫人"乃前宰相曾布之妻,亦能写诗。念及曾布与清照公公赵挺之的恩怨情仇,也算令人唏嘘了。

到秋八月,亡夫赵明诚的姨兄谢克家除参知政事,成为副相执政,生活在行朝所在的越州之李清照,很可能除了弟弟李远以外,也得到了谢克家的不少照顾。

更值得一提的是,冬十月,原本被羁留在北方金人领地内的前御史中丞秦桧带着妻子王氏乃至家中奴婢等,一并回到了南方,抵达了越州行在。

李清照是秦桧妻子王氏的表姐,其母亲与秦王氏之父王仲山同为前宰相王珪所生,因此,秦桧的丈人王仲山即李清照舅父,而秦桧则是李清照之表妹夫。秦桧之南归,在当时大多数声音是一片赞叹,甚至包括抗金名臣李纲都对其赞不绝口,比秦桧为持汉节而不失的苏武。在越州时,于情于理,李清照应与秦桧和表妹王氏有所亲戚之间的往来。

到十一月,秦桧除为从二品礼部尚书,算是正式回到了朝中任官。

到建炎四年(1130年)的深秋时节,金兀尤已前往关陕,但金人之左监军挞懒(完颜昌)仍率军在东南,八月时楚州便遭到金军猛攻,时令通泰镇抚使岳飞救援楚州。然而,由于大将刘光世逗留不进,畏惧金人而不能策应岳飞所部,楚州在九月被挞懒攻破。守将赵立以楚州坚守而捍卫江、淮的形势终于以失败告终。人或以赵立为时之张巡。

在这种形势下,东南的民生自然就十分困苦了。李清照所处的行在越州,肉禽如一兔子竟然需五六千钱,小如一鹌鹑也要三四百钱。而面对刘光世这样不听朝廷指挥的大将时,皇帝赵构毫无办法,甚至不允许枢密院执政赵鼎作文字斥责刘光世,谓"语言太峻"。此后,刘光世将楚州失陷的责任无耻地推诿到岳飞身上,谎称岳飞逗留不战,以致失机。

到了十一月,挞懒所部金军又攻陷泰州,颇有渡江之势。此后,又陷通州。岳飞作为通泰镇抚使以寡不敌众,自不能守御。皇帝和行朝实则知道岳飞是没有责任的,问题出在大帅刘光世不愿丝毫策应支援,以岳飞孤军如何能当挞懒整支大军南侵之势?

在这种情况下,越州的行朝遂决定"放散百司",也就是化整为零,除侍从、台谏外,其余紧要衙署部门按实际情况留下必要官吏,剩下的一概"从便寄居","候春暖赴行在"。

大约弟弟李迒作为敕局删定官,自非高级官僚或紧要人员,因而前往衢州暂住,十二月间李清照便也跟去了衢州。

第十四章
直送凄凉到画屏

到了衢州,没多久便是新的一年了。正月朔日,天子改元,是为绍兴元年(1131年)。此年春二月,秦桧除参知政事成为副相执政。

按照《金石录后序》的记载,李清照在衢州暂住的时间很短,显然也和此前行朝所发布的朝旨,令百司放散,但春暖应赴行在有关。暮春三月,李清照回到皇帝赵构驻跸的越州。

此年中关于李清照的材料非常少,也没有较为明确的,可以系于该年的诗词文章等作为参考。我们只能推测,由于千辛万苦从青州老宅运出的藏品经历了一次又一次的"损失",加之赵明诚去世以来对其沉痛的思念和孤单,李清照大约在绍兴元年(1131年)大体上也是比较沉郁寡欢的,可能连填词的心思都缺缺。

然而,她的表妹夫秦桧却坐上了升迁的快车道,于秋八月拜为右相兼知枢密院事。拜相的白麻大诏里,制词极其溢美,谓:"死生祸福,不移其心。谋国尽忠,常若蓍龟之先见;捐身挺节,独如松柏之后凋。堂堂真社稷之臣,奕奕盖庙堂之器……定策而安刘氏,素闻周勃之贤;矢谟而翊舜朝,终赖咎繇之德。"

秦桧在靖康时节反对金人立张邦昌为伪楚"皇帝",当时,他临危不惧地要求保全赵氏的姿态为其赢得了巨大的"政治资产",以至于此时他被说成了汉朝之周勃、虞舜之皋陶。七月初秋,他曾向人倡言,"我有二策,可以耸动天下",仿佛他是隆中对的诸葛孔明。有人便问秦桧,那为什么不提出来呢?秦桧说,现在朝中无宰相,虽上上之策,无以施行。当时范宗尹罢相,秦桧之意,当然是觊觎宰相的宝座。

到了此年十一月,皇帝赵构见金军自四月从楚州渡淮北去之后,终于决定要离开绍兴府,乃下诏明年初启程,移跸临安。

绍兴二年(1132年)正月初十(壬寅),御驾从绍兴出发,前往已改名临安府的杭州城。十四日(丙午),行朝抵达临安。临安后来变成了南宋的"行都",说是行都,实则就是首都。所谓"暖风熏得游人醉,直把杭州作汴州",皇帝赵构后来终于明白,东京回不去又何妨,偏安不好吗?

《金石录后序》云:"壬子,又赴杭。"绍兴壬子年即绍兴二年(1132年),这一年李清照四十九岁。到了就要"知天命"的岁数,李清照大约也是在春日到达临安城的。

有两首咏春、伤春之词可能正填于初到临安生活的时期。

一是《菩萨蛮》:

风柔日薄春犹早。夹衫乍着心情好。睡起觉微寒。梅花鬓上残。

故乡何处是。忘了除非醉。沉水卧时烧。香消酒未消。

早春的清晨醒来,虽尚感微寒,但听闻金人已北去,天子驻跸临安很可能会稳定下来,长久奔波的李清照也觉得心情轻松些了。春风轻柔、阳光和煦,脱下冬衣而披上了春装夹衫的清照对镜梳妆,这才发现簪于鬓发之上,昨日忘记摘下来的梅花已然残破。

片刻清欢舒缓的好心情转眼又消沉了下去。想过往在青州,每冬雪春暖之时,都要赏花撷英、寻词觅句,而今故乡也好,良人也罢,终究是无处可归,无人可依了。这种乡愁和思念,如何能忘?大约只有逃入酒乡才有可能吧!屋里的熏香是睡前所点,这会燃尽而香消,一时间清照甚至分不清,究竟是乡愁令人恍惚,还是昨日的酒劲尚未全消。

其二是《好事近》:

风定落花深,帘外拥红堆雪。长记海棠开后,正伤春时节。
酒阑歌罢玉尊空,青缸暗明灭。魂梦不堪幽怨,更一声啼鴂。

此词似暮春时节借伤春而悼念赵明诚之作。首句颇有尘埃落定的世事悲叹之感,而"落花深"与"拥红堆雪"似乎与三十年前《如梦令》里的"绿肥红瘦"有异曲同工之处,或许是清照也想到了年轻时和赵明诚新婚的青春光景。故曰"长记海棠开后,正伤春时节",在清照的回忆里,他们本好似神仙眷侣,春花冬雪皆是二人对景赋诗的画卷,碑刻古籍都是夫妇赌书泼茶的消遣……

然而,美酒有时尽,歌舞终须停,念眼前玉尊杯盘之空,连青灯亦是忽明忽灭——这无非借一日内光阴的游移和转变指向人生的如梦似幻,因这物是人非、沧海桑田也太快了,数十年竟只是刹那一般。结尾两句的悲恸极深,是为卒章显志,所谓"啼鴂"者,犹"鹈鴂""鹈鴂"之类,多指杜鹃鸟。屈原《离骚》云"恐鹈鴂之先鸣兮,使夫百草为之不芳",李清照之后的辛弃疾也曾用"鹈鴂"入词,在《贺新郎》中云

"绿树听鹈鸠,更那堪、鹧鸪声住,杜鹃声切",其所指向的是"将军百战身名裂……料不啼清泪长啼血"这样极其悲壮的意象。故"啼鸩"多指向极其悲伤、悲凉的强烈、深沉之情感。古人以为杜鹃鸟之叫声如同"不如归去",乃俗称布谷鸟,因此有杜鹃啼血的意象常用于诗词。而清照"魂"兮"梦"兮"不堪幽怨"的原因,正是"啼鸩"之叫唤"不如归去",但终究无法归去,故乡不得回,良人不得再,又岂能令时光倒流呢?

绍兴二年(1132年)的三月,新科进士殿试抡才大典结束,状元郎还正好就是临安府钱塘县人。这位大魁天下的张九成,其殿试策论也流传到了外头,李清照便读到了至少其中一部分片段。

据陆游《老学庵笔记》:

> 张子韶对策,有"桂子飘香"之语。赵明诚妻李氏嘲之曰:"露花倒影柳三变,桂子飘香张九成。"

读来确实令人发笑。何以李清照要这样嘲讽状元郎张九成呢?大约可能是只读了他花团锦簇的策论片段,如:

> 方当春阳昼敷,行宫别殿,花气纷纷,窃想陛下念两宫之在北边,尘沙漠漠,不得共此融和也,其何安乎!盛夏之际,风窗水院,凉意凄清,窃想陛下念两宫之在北边,蛮毡拥蔽,不得共此疏畅也,亦何安乎!澄江泻练,夜桂飘香,陛下享此乐时,必曰:"西风凄劲,两宫得无忧乎?"狐裘温暖,兽炭春红,陛下享此乐时,必曰:"朔雪袁丈,两宫得无寒乎?"……在原之急,何时可救乎?日

往月来,何时可归乎？每岁时遇物,想惟圣心雷厉,天泪雨流,抚剑长吁,思欲埽清蛮帐,以还二圣之车。

骈四俪六,确乎漂亮,但颇是匠气,李清照应该还是主要从文辞的角度,对张九成的文风颇为鄙夷不屑。柳三变即柳永,其有《破阵乐》云"露花倒影,烟芜蘸碧",而以"桂子飘香"对"露花倒影",以九成对三变,诚为妙对,但等于说张九成之文辞不过与柳永之俚俗相去不远也。更为关键的是,这种嘲讽中透露出李清照埋藏在心里的政治态度——她对皇帝赵构点张九成为状元背后的对金软弱、虚伪巧饰等,很可能是不以为然,甚至颇为不满的。

客观来说,张九成为人、为官都颇为客观,特别是后来不肯阿附秦桧,在赵鼎已然罢相倒台,秦桧出言相诱"且成桧此事"时,张九成仍然正气凛然,云:"九成胡为异议,特不可轻易以苟安耳。"当面对高宗赵构问以与金人和议如何时,张九成坚持赵鼎的判断,云:"敌情多诈,不可不察。"此后他被作为赵鼎党羽,遭到秦桧贬谪打压,直至秦桧死才起知温州。

即便是在其殿试策论里,也说"金人有必亡之势,中国有必兴之理",因此这则讥讽张九成的公案,实在是易安居士冤枉了状元郎。据说,由于李清照戏作的这一"露花倒影柳三变,桂子飘香张九成"的对子极工,当时应举的进士们必多有羡慕嫉妒张九成者,遂传诵李清照之对,以抒恶见他人之美的阴暗心理。而这件事或许也和后来李清照遭到的讥笑、非议多少有些关系。

从后来李清照自己的叙述来看,在暮春三月,或至迟在夏季四五月间,她似乎大病了一场。如果这确乎属实(原因详后),那么可能是此前奔行朝之舟车劳顿、海道颠簸所落下的病根,加之数年来寡居思念亡夫的悲恸以及年龄原因带来的种种问题所致。

同样是按照清照自叙,尚在病重之时,弟弟李远竟陪着一个人来向李清照提亲了。

接下来,我们将叙述李清照生涯中又一桩重大的事件和谜团,即易安居士的"再嫁"问题。

且先看她后来所写的《投翰林学士綦崇礼启》中是如何描述这一段上门提亲过程的,节选如下:

近因疾病,欲至膏肓,牛蚁不分,灰钉已具。尝药虽存弱弟,应门惟有老兵。既尔苍皇,因成造次。信彼如簧之舌,惑兹似锦之言。弟既可欺,持官文书来辄信;身几欲死,非玉镜架亦安知?僶俛难言,优柔莫决。呻吟未定,强以同归。

按照信中文辞,李清照当时可谓病入膏肓,已到了神志不清,甚至连丧葬所需都置办了一些的程度。如"牛蚁不分"即用《世说新语》之典,谓病重后"闻床下蚁动,谓之牛斗";"灰钉已具"指棺椁所用的石灰、铁钉等已准备妥当——但这些陈述很可能有所夸大,岂有将死之人,再改嫁他人者?

李清照随即引出弟弟李远。她以骈文的形式暗示,寄居"弱弟"宅中,虽有其侍以药石,但寻常也只有一老仆而已。所谓"老兵",可能是过去亡夫赵明诚为封疆大吏时随身的傔人仆从,如《金石录后序》里所说的"遂遣二故吏,先部送行李往投之"的"故吏"。细读之下,"弱弟"很可能还不是只针对于提亲、再嫁一事,或许还指向"惧内"。因为在李清照的叙述里,弟媳之类的亲戚是缺席了的,以当时之伦理和男女大防观念来说,一些必要的起居照顾和服药治疗等事,当由女性亲属来更为方便。有没有这样一种可能,即弟弟李远的妻子对李清照寄居家中已颇为不满,因此才在年近五十的时候,甚至可能在重病中,被弟弟再嫁了出去?

这时候,那位提亲者仍然半藏在叙述造就的帷幔中,只说他巧舌如簧、口蜜腹剑。真正关键的信息所提供的细节在这一句,"弟既可欺,持官文书来辄信"。什么是"官文书"呢?简单来说即"官告"(告身),它是一种宋代官员身份的重要凭证,北宋神宗朝元丰改制后就由官告院改吏部来颁发官告。而宋代之"官员",乃是官、职、差遣相分离。官者一般指寄禄官(本官、阶官),代表品级;差遣指职事官,代表实际工作,这个才相当于今人所理解的官职;职者则代表文臣的殿阁职名、武将的阁职等"加官"。元丰改制后,一般以"凡入品者给告身,无品者给黄牒"的原则授予官告,不论是授予阶官、差遣,还是封赠、加勋,只要入品级,就会给官告。

以赵明诚身前为例,当时他移知湖州前,结衔为:

朝散大夫、秘阁修撰、知江宁府、兼江南东路经制副使。

朝散大夫是从六品的本官,秘阁修撰是从六品的贴职,而知江宁府以及江东经制副使则是差遣,其中,江宁府知州当为正六品。

按宋代的官告必须写明三代、乡贯、年甲,且抄录制词(授官朝旨的正文,可理解为"圣旨")全文,并有主授长官和承办吏人的签名或用印,这是极其难以伪造的。不妨看一下,一份南宋的差遣官告身世〔以南宋孝宗乾道二年(1166年)《司马伋告身》为例]：

敕：右某：(外制制词正文)可特授某官,赐如故。

奉敕如右。牒到奉行。

年　月　日

侍中　阙

中书令　阙

参知政事　某(名)

签书枢密院事兼权参知政事　某(名)

权给事中　某(名)

中书舍人　某(名)

月　日午时　都事某某(姓名)　受

左司员外郎史　某(名)　付吏部

尚书令　阙

尚书左仆射　阙

尚书右仆射　阙

参知政事　阙

吏部尚书　某(名)

签书枢密院事兼权知参知政事　某(名)

礼部侍郎兼权吏部尚书　某(名)

吏部侍郎　阙

权工部侍郎兼权吏部侍郎　某(名)

告：右某官

奉敕如右。符到奉行。

　　　　　　　　　　　主事　　某（姓）　某（名）

权员外郎　某（名）　　令史　　某（姓）　某（名）

　　　　　　　　　　　书令史　某（姓）　某（名）

主管院　　某（名）

　　从而可见，要做一份假的官告何其困难，需要伪造不知多少朱紫大员和主事官吏的签名、押字（其中地位高者只需要签"名"，而地位较低者需要姓、名连署，这是为了追查责任），谁能做成这样的事情，然后再骗过一位本身就在当时朝廷中枢的官员？

　　李清照的弟弟李迒并非寻常百姓懵然无知，而是身在行朝，作为宰执属官（敕局提举一般为宰执大臣），他对百官除授的流程、三省堂除或吏部铨曹、官告院的官吏也应当很是熟悉，想要骗过李迒，几无可能。

　　如今一般认为，李清照改嫁的这个后夫是一位低级官吏，名叫张汝舟。巧的是，当时另有一个张汝舟。

　　须经对比才能见出其中问题。

　　一为毗陵（今江苏常州）张汝舟，系北宋徽宗朝崇宁五年（1106年）进士，宣和二年（1120年）已任殿中侍御史，此为台谏要员，此后在建炎三年（1129年）十二月由朝奉郎、明州知州调任"中书门下省检正诸房公事"，直到次年六月再补外知明州，并带直显谟阁贴职。

　　一为阳翟（今河南禹州）张汝舟，可查得于绍兴元年（1131年），以右承奉郎差往池州措置军期事务。

　　毗陵张汝舟是正儿八经的进士出身，且曾任殿院御史。他担任的"中书门下省检正诸房公事"虽然已远不能和北宋熙宁变法时候的"都检正"（检正中书五房公事）相提并论，但仍然是一个朝廷中央极其重

第十四章　直送凄凉到画屏　　193

要的中层官职,一般负责通进司与中书门下省之间的一系列公文上传下达等工作,官正六品。其本官朝奉郎也属于正七品朝官。按宋代文臣的本官分"京官"与"选人",其中绝大多数文臣都终身处于"选人"的官阶,他们大多只能担任州县长官的幕职僚佐或其他底层职务,一切重要的差遣通常都与他们无缘,因此由"选人"跳"京官"是第一道极难的关卡,当时视为跃龙门,否则就是"老死于选海"。而"京官"又分"朝官"和普通"京官",只有到"朝官"级别才能有望担任重要差遣,成为中层甚至高层官员。北宋大臣沈括在《梦溪笔谈》里记了一个故事,谓仁宗皇帝景祐元年(1034年)榜状元张唐卿在新科进士期集时,得意题壁云"一举首登龙虎榜,十年身到凤凰池",以为大魁天下可十年里做到宰相。好事者给续写了两句在下面,云:"君看姚晔并梁固,不得朝官未可知。"姚晔和梁固也都是北宋的状元,这就看出朝官级别的尊崇珍贵了。

阳翟张汝舟则大不同。首先他的本官是右承奉郎,这是正九品的京官,属于文臣京朝官三十级官阶中的二十九级,与毗陵张汝舟的朝官朝奉郎阶有六阶的巨大差距。并且,其"右承奉郎"之"右"代表他并非正经的进士出身,而非正式出身的官员,在宋代要成为朝官是比较困难的,前途一般较为黯淡。至于其"池州措置军期事务"是什么差遣呢?按在建炎四年(1130年)五月时,因军事需要,原本的江南东路、江南西路被分为鄂州路、江州路、池州路(领建康府、太平、饶、宣、徽州、广德军)三个帅司路,各设安抚使。这样看来,张汝舟的差遣大约相当于安抚使幕府里的"干办公事"(北宋的安抚使司"勾当公事"),也就是俗称的"抚干"。

经比较可见,毗陵张汝舟属于中层官员,且有从七品的直显谟阁贴职,此是《宋史·职官志》所谓:"凡直阁为庶官任藩阃、监司者贴职,各随其高下而等差之。"也就是说,毗陵张汝舟已经是封疆大吏,也有资格担任路级监司大员,且有贴职者,人多美称一声"学士"。而阳翟张汝舟尚属于低级官员,未得朝官之阶,估计亦不到知州资序,未见其有典邦治郡的记载。但从其能在绍兴元年(1131年)设法混进新设的池州路安抚司,或可想见其擅长投机钻营的黠猾一面。

至此,我们可以知道,不论是哪个张汝舟都是有官身的大宋官员,这是没有任何疑问的。那么,李清照所说的"弟既可欺,持官文书来辄信",究竟是何意思呢?从后来的史料来看,可以明确,李清照的后夫是官承奉郎的阳翟张汝舟。这位张汝舟一样能拿出货真价实的官告来,证明自己并非布衣百姓,而是有官身的搢绅之士,则其所持的官告究竟有何问题,竟成了"弟既可欺"?

这一点历来都无人注意。恐怕只有一种可能最为合理,即胆大妄为的阳翟张汝舟冒充自己是毗陵张汝舟。试想,诗词才华极其过人的李清照当然是心气甚高的女子,即便真的在重病之中,她如何能同意再嫁给一个无正经出身的低级卑官?要知道她可是故宰相东阁明媒正娶的夫人,原是绝不可能看上阳翟张汝舟这样卑微如吏的芝麻官的。而毗陵张汝舟则大不同,一则是朝官,二乃直阁学士,官品上也和亡夫赵明诚接近——我们并非要武断地说李清照以门第或官品等作为嫁人的标准,但她作为当时官宦之家出身,对物质生活(如昂贵的熏香等)、文化消费(金石碑刻、古籍善本、书画卷轴等)都有着很高追求的女子,并且本就是朝廷的"命妇"(赵令人李氏),当然会在迈入老年的再婚时讲究门当户对,无非也是为了一个谨慎和方便。

假如阳翟张汝舟果然是冒充毗陵张汝舟来提亲(因为当时真正的学

士张汝舟并不在临安府），我们不得不想到一个非常可怕的可能性。李清照之弟弟李迒是如何被阳翟张汝舟骗到的？如前所说，官告对于同在官场，且甚至位于权力信息的中枢——作为宰属的李迒，几乎不可能愚蠢到被一个冒牌货所蒙蔽。也不存在李迒不清楚毗陵张汝舟最近的仕宦调任等情况，因为他显然可以从邸报中知悉。从而，他应当能够一眼看出官告的真假——假如阳翟张汝舟竟有胆量伪造都堂或吏部大员的签押文字，而类似毗陵张汝舟这样的中书门下省官，其差遣很可能是"堂除"，即由三省都堂除授，这种弥天大罪，阳翟张汝舟找谁人来为他伪造呢？且根据大观年间的规定，官告分为十二等，其所用材料复杂而形制不同，即便阳翟张汝舟果然伪造，要瞒过李迒这样的敕局宰属，实在是太难了！

当这样推断以后，我们只能认为李迒并没有受骗，甚至他根本就知道此张汝舟非彼张汝舟，反而选择了和阳翟张汝舟一起欺瞒、哄骗李清照。如果这个推断属实，其原因应该就在于李迒妻子之类的家属对李清照寄居其家的不满。

假设我们的推断正确，那么被"强以同归"的李清照应该在病愈后也未必能立刻察觉为阳翟张汝舟所骗。因为在建炎四年（1130年）六月，毗陵张汝舟罢中书检正而外知明州后，这位学士张汝舟乞请奉祠，于是改主管江州太平观。宋代这种祠禄官是不需要到差遣名称中所指的寺庙道观点卯上班的，一般可以从便居住，因此，阳翟张汝舟完全可以继续糊弄李清照。

然而，这个阳翟张汝舟如此千方百计要娶到李清照的目的，绝不是出于真心的爱慕或怜惜，对清照的诗词等才华应当也并不关心，他所贪求的是李清照作为赵明诚遗孀，而继承的无数价值不菲的藏品——想必这种传闻让张汝舟垂涎三尺,并心生奸计。李远当不至于主动寻求阳翟张汝舟,应是后者前来说服他,而李远受妻子之类家眷的逼迫,便倾向于快些将寡姐再嫁出去为好。大约在李远想来,自己也只是说了一个善意的谎言,因为阳翟张汝舟好歹也是一个官员,姐姐年近五十,又膝下无子,老无所依的情况里,不如嫁人来得稳妥,总算有个依傍。至于配合阳翟张汝舟"张冠李戴",冒充毗陵的学士张汝舟,也只是为了让高傲的姐姐同意罢了,并非什么大不了的"坏事"。可李远哪里知道,他是将姐姐清照推进了火坑。

《投翰林学士綦崇礼启》中后续云:

视听才分,实难共处。忍以桑榆之晚节,配兹驵侩之下才。身既怀臭之可嫌,惟求脱去;彼素抱璧之将往,决欲杀之。遂肆侵凌,日加殴击,可念刘伶之肋,难胜石勒之拳。

李清照很快发现和阳翟张汝舟完全是两种人,彼此处不下去。一句"忍以桑榆之晚节,配兹驵侩之下才"读来实在令人伤心落泪。"驵侩"本指唐宋时之"牙人"(各类买卖的中介、经纪人之类),可能指的是阳翟张汝舟其父、祖辈世为牙人之类,这在当时自是被认为"下九流"的身世背景了,亦可能指阳翟张汝舟性情如驵侩之卑劣奸诈。唐人刘禹锡诗云"莫道桑榆晚",而李清照当此桑榆晚景,却再嫁给了阳翟张汝舟这样的"腌臜泼才",怎么不让人恻然哀怜呢?

阳翟张汝舟开始频繁地家暴李清照了。

"遂肆侵凌,日加殴击"——也许是阳翟张汝舟在婚后,没有如愿找到传闻中的那些无数珍贵藏品,因而或许他便疑心李清照藏在了某地的宅子里,而不肯告诉他,不肯给他,终于就变成了拳脚相加……可怜李清照只能说,譬如刘伶之鸡肋,如何当恶人石勒之老拳?可怜数十年锦衣玉食、吟诗风雅的李清照,遭此大难,日处地狱般的折磨里,不知如何得脱!

她甚至用了一个《左传》里卫庄公的典故。当时卫庄公摔断了大腿,逃进戎州一户己氏人家,遇难的他拿出一块价值连城的玉璧,请求己氏设法救他,己氏却说:"杀了你,玉璧能去哪呢?"卫庄公遂遇害。这也就是"彼素抱璧之将往,决欲杀之"的意思了。在日复一日的绝望里,李清照一定曾担心,自己终有一天或被这恶臭无耻的阳翟张汝舟给打死……

怎么办呢?难道在当时不能离婚吗?

宋代的婚姻法本是允许按照夫妻双方的共同意愿,进行"和离"的,即"若夫妻不相安谐,而和离者,不坐……若夫妻不相安谐,谓彼此情不相得,两愿离者,不坐",谓因为感情破裂,共同决定离婚,则不触犯一方要擅离的法条。这是一种宋代的"协议离婚"。可是,在外吹嘘自己娶了宰相外孙女、国朝第一大才女佳人的阳翟张汝舟,怎么会同意离婚呢?何况,在得到"巨额财产""天价藏品"之前,他是绝不可能同意和李清照"和离"的,这条路已经被堵死。

李清照不能一走了之吗?

按照《宋刑统》卷十四《户婚律》:"即妻妾擅去者,徒二年,因而改嫁者,加二等。……妇人从夫,无自专之道。虽见兄弟送迎,尚不踰阈,若有心乖唱和,意在分离,背夫擅行,有怀他志,妻妾合徒二年。"就是说,如果李清照擅自离开后夫阳翟张汝舟,那么依据法律,她要被判处两年的徒刑(宋代又有折杖法,非常复杂,此不赘述)。

独自脱身逃跑的计划也不被当时法律所允许,李清照究竟该如何突围而出呢?

她在暗无天日般的婚后欺凌中过了近百日,在这期间,清照终于想到了一个办法。

宋法还有规定:"已成婚而移乡编管,其妻愿离者听。"就是说,丈夫因犯罪编管外地的,等于数年内夫妻异地,妻子有权提出离婚。然而,阳翟张汝舟若并无严重犯罪,又怎么会被编管他乡,从而给到李清照以机会提出离婚呢?

或许是上天怜悯,李清照竟知道了阳翟张汝舟一个不可告人的巨大秘密。大约是阳翟张汝舟家暴清照之余,借着酒劲之类,不无得意地说出了自己得官的诸般手段。

原来,阳翟张汝舟此人是"特奏名"的恩榜、恩科之"进士"。

所谓特奏名,即凡州府解试合格而省试、殿试落第的,积累到一定举数和年龄,可直接参加殿试。真宗时期开始,殿试一般不会有人判不合格,等于说能参加殿试就能成为进士,这就叫特奏名,是宋代优待读书人的特别政策。

巧的是,阳翟张汝舟举数造假,本来不够特奏名。

即阳翟张汝舟此人,造假表明自己过发解试的次数已经达到特奏名要求,从而直接参加殿试,这才获得了功名,释褐为官。这本来当然是阳翟张汝舟的阴私,别人无从知晓,但李清照嫁给他,便终于是有机会知道里面的猫腻。

阳翟张汝舟的行为近乎于欺君之罪。但是,作为他的妻子,李清照仍有一道难关。

按照《宋刑统》卷二十四《斗讼律》:

> 诸告周亲尊长、外祖父母、夫、夫之祖父母,虽得实,徒二年。

就是说,在宋代的律法系统中,如果妻子状告丈夫,即便丈夫果然有罪,妻子也要处二年徒刑,除非是丈夫涉及谋逆叛乱以上的大逆之罪,才不在此例。

但李清照已经管不了那么多了,只要坐实了阳翟张汝舟"举数造假"的大罪,即便她须身陷囹圄,又如何?阳翟张汝舟此等罪状,必遭编管,那么二人的婚姻关系也就得以解除了!

今人或有认为李清照具备命妇(令人)身份,于法不得再嫁。但这是一种误解,至少从神宗皇帝时起,命妇不得再嫁的规定已然取消了。所以李清照没有办法通过这一点在"夫妻关系"上做文章,谓二人的婚姻无效,属于宋法中的"凡人"关系。

至晚在八月,她一纸诉状把后夫阳翟张汝舟告到了临安府。阳翟张汝舟是官员,因此诉状最终应该是送到了大理寺。她已决心孤注一掷,即便要受牢狱或折杖之刑,也要摆脱张汝舟这个极恶的小人!

《投翰林学士綦崇礼启》云:

> 局天扣地,敢效谈娘之善诉;升堂入室,素非李赤之甘心。外援难求,自陈何害,岂期末事,乃得上闻。取自宸衷,付之廷尉。被桎梏而置对,同凶丑以陈词。岂惟贾生羞绛灌为伍,何啻老子与韩非同传。但祈脱死,莫望偿金。友凶横者十旬,盖非天降;居囹圄者九日,岂是人为!抵雀捐金,利当安往;将头碎璧,失固可知。实自谬愚,分知狱市。

《三国志·吴书》云:"无罪无辜,横受大刑,是以使民跼天蹐地,谁不战栗?""局天扣地"一词最早典出《诗经》:"谓天盖高,不敢不局;谓地盖厚,不敢不蹐。"这里自是为了极写自己的窘境与苦难。所谓"谈娘"者,出于唐人之说,谓隋末有一河间人每酗酒殴妻,妻子不堪其暴,乃为悲怨之声,人呼为"踏摇娘";而"李赤"者,亦出自唐人记载,云名李赤之人遭厕鬼作祟,大为所惑,甘心赴死于恶臭污秽之所。两处用典都是李清照表达自己誓与阳翟张汝舟分离,必不能任其摆布的决心。

"外援难求,自陈何害,岂期末事,乃得上闻。取自宸衷,付之廷尉。"这几句话表明,当李清照开始状告后夫阳翟张汝舟之初,她并没有事先去寻求亲戚中仕宦显赫者的帮助。按李清照之表妹夫秦桧于此年八月二十七日(甲寅)罢右相,亡夫赵明诚之姨兄谢克家则早于去年正月罢执政。这两位宰执层中的亲戚都已离开权力中枢。不过,秦桧之罢晚在八月二十七日,从后来情形来看,倒推计算,则秦桧应尚有时间和可能插手李清照对后夫阳翟张汝舟的诉讼。不能排除的是,李清照或许曾在事先寻求过秦桧的帮助,但随着秦桧在和吕颐浩、朱胜非的权力斗争中失败下台,她很可能打算另找他人,而这个人便是翰林学士綦崇礼。由于綦崇礼和秦桧政见不合,甚至当时已颇有一些矛盾,李清照才不便说出——否则,李清照的举动未免冒了太大的风险。而綦崇礼的母亲赵氏应即赵明诚的姑母,因此亦属于李清照作为"赵令人李氏"的亲戚了。

同时,从清照之叙述来看,此事竟被高宗皇帝赵构所知晓,或许便是有秦桧、綦崇礼的因素在,加之事涉故宰相家中命妇,非比寻常官吏之妻,天子会垂问一二,也属于可能。总之,案子确实交由大理寺来审讯。

李清照和阳翟张汝舟当然就都需要收押在大理寺中进行勘问,因为此事关乎命妇、命官,又是妻告夫,所告罪名涉及欺君、功名出身等极大之事,并非是婚姻家事的诉讼。故曰:"被桎梏而置对,同凶丑以陈词。"按"桎梏"者,在足为桎,在手谓梏,即脚镣、手铐是也。这恐怕只是李清照的修辞而已,以其命妇身份来说,不当有此桎梏,又非杀伤等重罪,当无此理。但和阳翟张汝舟当堂对质,这应是必要的程序,即"同凶丑以陈词"。

从"友凶横者十旬",我们才能知道二人的婚姻不过是持续了百日;"居囹圄者九日",则是入大理寺勘问以后此案持续的时间,其是否究竟是真的"身陷囹圄",历来也颇有争论,或以为只是李清照八九日间均需在法寺接受鞫问。

"抵雀捐金,利当安往;将头碎璧,失固可知",这都是要表达自己当时已下定了决心,哪怕代价再大,绝不能忍受和阳翟张汝舟继续共处下去,非揭露他举数造假的大罪,从而摆脱他不可。

在《投翰林学士綦崇礼启》后续中,虽可明确见到李清照对这位内翰远亲的感谢,但似乎隐隐约约还透露出其他一些内容:

> 此盖伏遇内翰承旨,搢绅望族,冠盖清流,日下无双,人间第一。奉天克复,本缘陆贽之词;淮蔡底平,实以会昌之诏。哀怜无告,虽未解骖,感戴鸿恩,如真出己。故兹白首,得免丹书。

感恩之余的书信常见溢美之词自不须论,其中以唐德宗"奉天之难"时的翰林学士陆贽、唐武宗会昌年间的宰相李德裕("淮蔡底平"事在元和,离会昌盖二十年,应是清照用典之误,当为李德裕平泽潞叛乱)比之于綦崇礼,也属于寻常。但"哀怜无告,虽未解骖,感戴鸿恩,如真出己"却让人难以不去猜想言外之意。

"解骖"出于《史记·管晏列传》,晏子解骖救人,赎于"缧绁"之中,即谓晏子以马匹赎人,使免囚禁。这个典故后来一般用以表达慷慨解囊,从而帮助他人脱身大难。然清照云"虽未解骖"——恐怕重点不是指向綦崇礼没有花费财货来救她,这种用法显得殊无必要,而应该是指,綦崇礼固然帮助了自己,但他不是起决定性作用的人。

如果认为这种推测过于武断,且看下句"如真出己"的意味。"如真出己"即"如实出己",典出《左传》,时楚庄王发兵攻郑国,晋军救之,然于"邲之战"中晋军败北。晋军将领荀䓨被楚军俘虏,而一郑国商人准备设法帮助荀䓨逃出楚国。但计划还未实施,楚国已将荀䓨归还给晋国。后来这位郑国商人到晋国时,荀䓨极为热情,"如实出己"——好像他真的救出了自己一样,因而对其感恩戴德。这样一来,李清照所说的"感戴鸿恩,如真出己",岂不是指綦崇礼虽有救助之心,但起到一锤定音作用的还不是他?

或许有人不免会觉得,这只是书信里骈文修辞导致的语义误会。然而不妨试想一下,綦崇礼果然是起到决定性作用的那个救助者,使得李清照"得免丹书"(罪籍),那么李清照竟在表示感恩的书信里说"虽未解骖""如真出己",这是合适的吗?他人有大恩于你,你却回以虽未援手、虽不是君之帮助云云,岂非大悖礼节,又殊不合常理?

綦崇礼之外,还有人在此事上帮助到李清照的话,只能说如今无法确定是谁,但秦桧是其中一个可能的人选,谢克家虽罢执政,也有一定可能。只是秦桧在九月时甚至遭到褫夺"观文殿学士"殿阁职名的黜责,当此吕颐浩、朱胜非之党羽群起攻讦时,秦桧是否有余暇帮助李清照,或许是个疑问。

更重要的是,或许我们不应认为李清照除了决绝之外,并未动用她天资聪明的心思来钻研当时的宋法。有一种很大的可能,她决心依靠的主要是她自己!

按照《宋刑统》斗讼律,在妻子告夫,虽得实也要徒两年这一句的后面,还有其他规定:

> 诸告周亲尊长、外祖父母、夫、夫之祖父母,虽得实,徒二年。其告事重者,减所告罪一等。……其相侵犯,自理诉者,听。

第一句"其告事重者,减所告罪一等",是说如果状告的罪名属于较重者,那么如妻子告夫,就减其告夫罪一等。阳翟张汝舟举数造假,所犯之罪极重,李清照以妻子身份告夫的情况下,符合减一等罪,即徒二年减为徒一年半。

第二句可能更为重要,"其相侵犯,自理诉者,听"。这是说如果"五服"以内的亲戚间发生了互相侵犯,因而产生诉讼状告的,听之,是允许的,不会被科以违背"亲亲相隐"之罪名。那么"其相侵犯"在宋法中应如何定义呢?乃曰:

> 其相侵犯,谓周亲以下、缌麻以上,或侵夺财物,或殴打其身之类,得自理诉。非缘侵犯,不得别告余事。

周亲谓至亲,如夫妻之间、父子之间等;缌麻指五服之内关系最远者,如高祖父母、族伯叔父母、表兄弟等。在这样的亲属中,如果发生了盗窃、强夺财物,又或者殴打之类的人身伤害,那么允许诉讼状告,且予以免罪。

如此一来,李清照作为受到后夫张汝舟频繁家暴的"受虐妻子",当然是属于"其相侵犯",遭"殴打其身之类"的情况,她如果单单诉讼此事,是绝不会遭到"徒二年"的处罚的。那么,虽然她主要是以状告阳翟张汝舟举数造假(妄增举数)而达成最终离婚的目的,但其诉讼的因由本身使得她的诉讼在当时也属于合法。按照"非缘侵犯,不得别告余事"来看,似乎当发生了"侵夺财物,或殴打其身之类"的情况后,被告之人的其他罪状是可以告发的——大约在唐宋法律的精神里,如果亲属间"相侵害",那么近似于亲属之恩义已大为削弱,甚至可能"恩断义绝",则视为"凡人"看,即普通关系的人来处置也就没有什么问题了。

在具有这样法律背景的情况下,如果再得到一二重臣于御前的说项,那么皇帝赵构只要认为阳翟张汝舟属于"骗婚",此段婚姻本身即无效,李清照作为"赵令人李氏"的命妇身份就应当也得到恢复了,其"告夫"无论是否属于减一等的"徒二年""徒一年半"之类的都不再需要担心了。这可能是"岂期末事,乃得上闻。取自宸衷,付之廷尉"的语义的另一种所指的推测。

综上来说,李清照很可能在实施计划前已然做了全盘的推算,她自信甚至可以在最完美的情况里,光靠自己就实现摆脱阳翟张汝舟同时免受任何处罚的目标。从"但祈脱死,莫望偿金"来看,李清照应该确实也状告了阳翟张汝舟两件罪名,即殴打侵害之罪和妄增举数大罪,所以才说只求从垂垂将死的受虐境地中脱身,不求得到赔偿云云。

另外需要特别说明的是,李清照必定也做了最坏的打算。这种最不理想的结果,当然是李清照遭到徒一年半的判决,然而,宋代基本实施"折杖法",一年半的徒刑并不需要真的关在监狱里近五百天。

宋朝司法实际从北宋太祖朝建隆四年(963年)起,就施行"折杖法",即以杖刑作为"流刑、徒刑、笞刑"的代用刑,其目的在于"流罪得免远徙,徒罪得免役年,笞、杖得减决数"。制定之初,罪重者如判决为流刑的,折脊杖十七至二十,且另加刺配牢城服苦役一至三年;判为徒刑的,折脊杖十三至二十。轻罪如判决为杖刑的,折臀杖十三至二十,笞刑折臀杖七至十。徽宗大观二年(1108年),又对笞刑的折杖做了更改,改为笞刑折小杖五至二十,小杖比普通折杖法的大杖伤害更轻。徽宗政和八年(1118年),又定折杖法中的"递减法",即笞刑折臀杖五至十,杖刑折臀杖十二至十七,徒刑折脊杖十二至十七。为避免递减法反而比此前的折杖法为重,故徽宗朝重和、宣和年间先后三次补充规定,对决杖通计超过一百杖的罪犯,均减一等,只按照"杖一百"计算来折杖。自此以后,施行到南宋晚期而基本不变。可见,李清照时期,绝大多数罪名的处罚,只需要承受不同的杖刑(如脊杖、臀杖、小杖),流刑和刺配牢城确为少数了。

也就是说,李清照可能做好了遭到脊杖十余下的"最坏准备"。虽然如果真到了那种程度,在当时官宦之家眼中,必是斯文扫地,有辱门庭,但也就更见出李清照绝不会屈服于无耻骗婚者的"家庭施暴"。她既是诗词上傲岸的一代宗师,也是生活里不屈的刚强女性,岂荣驵侩恶臭之人所凌辱?

事情的结局究竟如何呢?

《建炎以来系年要录》绍兴二年(1132年)九月戊午朔条载:

> 右承奉郎、监诸军审计司张汝舟属吏，以汝舟妻李氏讼其妄增举数入官也。其后，有司当汝舟私罪徒，诏除名，柳州编管。十月己酉行遣。

所谓"除名"，在宋代又叫"追毁出身以来文字"，简单来说即从官簿中除去，而除名者，必勒停，即一切官、职、差遣都遭到罢免。所谓"编管"，是与除名配套的对官员重黜之手段，须在编管州军受到监视和管制，不得随意离开。柳州在宋朝的广南西路，地处五岭以南，这也就是俗称的"远窜岭外"了。阳翟张汝舟遭此重罚，于后世人看来，真可谓大快人心！

但是，于李清照来说，她深知自己的名声即便在当时，也已经受到了世俗之见的讥谤。

《投翰林学士綦崇礼启》中云：

> 责全责智，已难逃万世之讥；败德败名，何以见中朝之士。虽南山之竹，岂能穷多口之谈；惟智者之言，可以止无根之谤。

前两句谓"晚节不保""颜面尽失"的悲凉可以想见。易安居士出生官宦之家，又嫁给宰相东阁为妻，夫妇二人总的来说伉俪相得、意趣相投，所与游者也多是搢绅、名士，所谈论者多是金石、古籍，她吟诗填词、焚香赏花，生活里是充满了典雅的，文名亦已远近相传。可由于错嫁了阳翟张汝舟这个无耻小人，便终于是在当时的俗人眼中"前功尽弃"。

李清照甚至说，如今关于自己的流言蜚语已经"罄竹难书"，只有智者才能不传播这些"无根之谤"。这段话实则是极其重要的，不能仅作为书信里修辞的夸大。事情的程度是做了夸大的,但事情本身容当有之。唯需思考的是,清照所说的这些流言蜚语和"无根之谤"是指什么呢?难道她错嫁阳翟张汝舟并非事实吗?

当然,一些不堪入目的当时之言论,我们毕竟不能知晓,也或许传于市井,不过恐怕多半确有一种流行的说法,即人们不免要揣测卑官阳翟张汝舟是如何"骗婚"崖岸自高的李清照的?当时朝野之人又岂能都没注意到两个张汝舟的巧合呢?

南宋人胡仔与李清照生活的时代极近,他在《苕溪渔隐丛话》中说:

> 易安再适张汝舟,未几反目,有《启事》与綦处厚云:"猥以桑榆之晚景,配兹驵侩之下材。"*传者无不笑之*。

注意最后这句话。切不可以明清的女子贞洁观念来倒推宋朝之如何。在南宋宁宗朝史弥远上台,道学(理学)成为主流之前,宋人女子的改嫁、再嫁都不过是稀松平常之事,不值得认真计较。北宋仁宗朝便有御史唐询弹劾副宰相吴育,论其弟媳丧夫已久,而不为她再觅姻缘,所谓"弟妇久寡,不使更嫁"。因此,李清照寡居以后的"再嫁",其本身并无任何可笑之处。在当时人看来,可笑的地方应该是"所托非人",也就是再嫁了阳翟张汝舟的问题。而更可笑的,恐怕只能是我们此前推断的,即阳翟张汝舟冒充毗邻张汝舟、卑官张汝舟冒充学士张汝舟,甚至官员多半都能猜到这里头李清照的弟弟李远的"作用"——如果果真是这样,那么京师和地方上的官员们在茶余饭后谈到这件事,确乎不少无聊之人会讥笑不已。

在此章的最后,还需提一下的是,明清之人多有因喜爱易安居士之词,加之受程朱理学贞洁观所囿,竟强论李清照不曾改嫁,所谓"更嫁之说,不知起于何人,太诬贤媛也!"

如今我们可以明确,李清照之再嫁必无疑问,且有何可耻?可耻的是阳翟张汝舟,甚至包括了李远在内,乃至当时一切嘲笑清照之人。我们当感到敬佩的是,李清照以自己毅然决然的信念和无比的聪慧才情,智巧与勇力并用,终于是既摆脱了恶棍阳翟张汝舟,也保护了自己。

这是一场易安居士的伟大的突围,不容浅人妄言轻贱!

虽南山之竹,岂能穷多口之谈;惟智者之言,可以止无根之谤。

——《投翰林学士綦崇礼启》

第十五章
风住尘香花已尽

经历了绍兴二年(1132年)与张汝舟"百日婚姻"的闹剧和灾难,度过深秋与寒冬,如今已是绍兴三年(1133年),岁在癸丑,李清照五十岁了。

假如我们此前关于其弟弟李迒在张汝舟骗婚一事中的推测是正确的,那么以李清照的性格,或许此后她不愿再麻烦李迒。在那个时代,寡居女子离开了亡夫之家,若连娘家也无,往往是十分困难和可怜的。对李清照这样的官宦人家子女、曾经的相府贵妇而言,她也绝不可能操持"商贾贱业",如市井之妇贩于街肆,亦不会去做那"晨舂夜绩"之事,如田家孤嫠舂米绩麻于陋室……清照有她的骄傲,更何况,她对自己的生活有着品质的追求,这又有什么错呢?她是被春神触碰、天上文曲星君所垂青的词人,是两宋交替之际如空谷幽兰般的花中君,这样的人原是不该遭受俗世劳苦艰辛之摧残的。

不过,日子总是要过的。

绍兴三年(1133年)前后的南宋形势并不容十分乐观,三年前依靠着执政张浚在关中的"大张旗鼓",将金兀术(完颜宗弼)所部吸引到西北战场上,东南朝廷的压力才一度减轻,但此后富平之战一溃千里,南宋失去了整个关陕。此后挞懒(完颜昌)仍然率军在两淮、长江一带耀武扬威、烧杀劫掠,虽然绍兴元年(1131年)四月后金军终于渡淮而去,但南宋内部仍然充斥着江北而来的流寇以及割据一方的土贼。更不用说,自建炎四年(1130年)金人立刘豫为伪齐皇帝后,整个淮河防线的日益严峻、紧张。不过,由于宰相吕颐浩招安匪寇的政策,到绍兴三年(1133年),东南的流寇情况确实大为改善。

而临安府作为南宋的"行在",天子驻跸之所,当此内忧外患中,物价当然是昂贵的。从《夷坚志》"王燮荐桥宅"来看,南渡之后,临安府内的豪宅已在五万贯(五千万钱);普通的砖石、砖木类结构屋宅,一间的造价至少也在三十三贯[三万三千钱,此见绍兴四年(1134年)三月之情况],还不包括地价——对李清照的情况来说,她至少需要一套"一进"的宅院,这差不多就要五六间房,加上一应的家具添置、仆人等开销,想来没有数百贯(数十万钱)是绝对无法安排下来,以满足最低的官宦之家生活需求的。

再如李清照日常喜用之香,有瑞脑(龙脑香)、沉水(沉香)等,皆属于昂贵的奢侈品。龙脑者,按《三朝北盟会编》,当时折物支付金人一百万贯代税钱赎买燕云,"香犀、玳瑁、椀楪、匙筯,皆折阅倍偿之,至如龙脑每两折八贯",是以徽宗宣和年间,龙脑的正常售价为每两当十六贯,那么南渡以后,这类物品只会更加昂贵,姑且算仅需二十贯一两,已经是两万钱了!而沉水,按蔡京之子蔡绦记载,"多海南真水沉,一星直一万",则一两至少也须十贯。

赘述这些可能属于李清照生活的细节,是为了让读者弄清,要在当时维持基本的体面和满足其风雅品质的追求,所需费用是不少的。前所谓数百贯以置房屋等,不过是最低估计,如果要在临安府购置好一些的屋宅,当一千贯亦未必足够。

晁补之侄晁公武在《郡斋读书志》中云:"《李易安集》十二卷:右皇朝李氏格非之女。先嫁赵诚之,有才藻名……然无检操,后适张汝舟,不终晚节。流落江湖间以卒。"一句"流落江湖",尽显凄楚落魄,但晁公武的这种记述值得采纳吗?前云"然无检操,后适张汝舟,不终晚节"已表明了晁公武对李清照的偏见和歧视,当然,其句读也可作"然无检操,后适张汝舟不终,晚节流落江湖间以卒",虽然较"不终晚节"口吻为轻,但"然无检操"所说的李清照"无节操"则是毫无疑问的负面评价了。有晁补之与李格非、李清照二人的这两层关系在,何以晁公武要因为清照的一时之"再嫁非人",而这样苛责李清照呢?他所写的"流落江湖间以卒"像是一种善恶因果的决定论之叙述,实则应是不符合事实的。如前所引胡仔的《苕溪渔隐丛话》,前集六十卷成书于绍兴十八年(1148年),其评论李清照的内容正在第六十卷中,当时李清照已六十五岁,而胡仔并未说清照晚景凄凉、流落江湖云云,只是追述其错嫁张汝舟,"传者无不笑之"。而晚出的《郡斋读书志》以及王灼的《碧鸡漫志》(晚节流荡无归)却都塑造了一个李清照悲惨的晚年,其不可信已十分明显(更详细的补充容后)。

事实上,晁公武对李清照这种先入为主的厌恶、贬低之情绪,除了因为张汝舟事件,恐怕还和晁公武父亲晁冲之死于靖康时节有关。按其胞弟晁公遡所云:"且不幸生十年,而北敌发难。先君惟国之忧,不忍舍而去,留佐东道。师败于宁陵,某不能从死,独与兄弟扶携而东。"可见,晁公武、晁公遡兄弟的父亲晁冲之是为国死难,于北虏女真,晁公武兄弟可谓有不共戴天之仇。但这却与李清照有何种关系呢?

第十五章 风住尘香花已尽

在绍兴三年(1133年)的五月,当时的南宋朝廷以执政韩肖胄充"大金军前奉表通问使",工部尚书胡松年为副使,到六月时即正式派遣二人出发,名义上是皇帝赵构要问候父兄道君皇帝、渊圣皇帝的消息,实则是试探与金人是否有议和的可能。这一点在朝廷内外并非什么秘密,李清照也完全一清二楚。

由于和相州韩家(魏公韩琦)的关系,摆脱张汝舟之后的李清照当然要维系和朝中韩氏重臣的这一层数代恩谊,这对于她重新被上层所接受,在上层恢复名誉,维持自己体面风雅的生活都是必不可少的。因此,李清照写下两首《上枢密韩公、工部尚书胡公》,题下自序云:

> 绍兴癸丑五月,枢密韩公、工部尚书胡公使虏,通两宫也。有易安室者,父祖皆出韩公门下,今家世沦替,子姓寒微,不敢望公之车尘。又贫病,但神明未衰落。见此大号令,不能忘言,作古、律诗各一章,以寄区区之意,以待采诗者云。

且先看第一首古体诗中写给枢府执政韩肖胄的部分:

> 三年夏六月,天子视朝久。凝旒望南云,垂衣思北狩。如闻帝若曰,岳牧与群后。贤宁无半千,运已遇阳九。勿勒燕然铭,勿种金城柳。岂无纯孝臣,识此霜露悲。何必羹舍肉,便可车载脂。土地非所惜,玉帛如尘泥。谁当可将命,币厚辞益卑。四岳佥曰俞,臣下帝所知。中朝第一人,春官有昌黎。身为百夫特,行足万人师。嘉祐与建中,为政有皋夔。匈奴畏王商,吐蕃尊子仪。夷狄已破胆,将命公所宜。公拜手稽首,受命白玉墀。曰臣敢辞难,

此亦何等时。家人安足谋,妻子不必辞。愿奉天地灵,愿奉宗庙威。径持紫泥诏,直入黄龙城。单于定稽颡,侍子当来迎。仁君方恃信,狂生休请缨。或取犬马血,与结天日盟。

韩肖胄是徽宗朝初期宰相韩忠彦之孙,如今成为"同签书枢密院事"的西府副贰执政,俨然便是相州韩氏的代言人了,李清照要维系这一层关系,自然需要向他靠近,敬表尊崇。

诗的开篇谓二圣播迁,天子(赵构)一心挂念父兄赵佶与赵桓两位被俘虏的"北狩"皇帝。随即追述丙午之耻、靖康之难,即所谓"贤宁无半千,运已遇阳九",原来东京的沦陷和北宋的覆灭终究不是两代赵官家的责任,左右是当时群臣少贤良,无如唐代名臣员半千这样能文能武之才。这都是平常语,关键是此后数句。

清照云"勿勒燕然铭,勿种金城柳",此处用的是东汉大将军窦宪北击匈奴而燕然勒铭,以及东晋桓温北伐至金城感叹"木犹如此,人何以堪"二典故。诗中的意思是明确的:当此之时,不应北伐,不能对金人发动战争。原因何在呢?最重要的一是二圣尚在,其次是高宗赵构的母后韦氏也正在北方,因此李清照用《左传》名篇《郑伯克段于鄢》里那位"纯孝"的颍考叔来为皇帝赵构的念母之孝做解释,另一方面也是以颍考叔比韩肖胄,当时便有韩肖胄事母极孝的称许。那么,既然郑庄公要感慨"尔有母遗,繄我独无",今天子要设法奉迎两宫及生母回国,不惜屈己议和,又有什么错呢?

接下来,李清照更在诗中云"土地非所惜,玉帛如尘泥。谁当可将命,币厚辞益卑",这都是申明当时朝廷想要议和的态度。虽然秦桧在去年八月已罢相,但乞和之意显然仍在高宗心中。写此诗的目的

第十五章 风住尘香花已尽 215

当然是要赞扬韩肖胄为国请命,将深入凶荒不毛的敌穴,因此,李清照不可能非议朝廷想要和金人"议和"这一大政方针,相反她只能赞美称颂。于是一通对韩肖胄的吹捧,至谓其为汉之丞相王商、唐之名将汾阳王郭子仪,诸如"夷狄已破胆,将命公所宜"之类当然也是纯属胡扯,无论是粘罕(完颜宗翰)还是挞懒(完颜昌)、兀朮(完颜宗弼)等,都不会被南宋小朝廷给吓到。

当然,更荒诞的描写在给韩肖胄部分献诗的结尾处:"单于定稽颡,侍子当来迎。仁君方恃信,狂生休请缨。或取犬马血,与结天日盟。"非但女真此时的皇帝完颜吴乞买(完颜晟)不可能向宋朝的使臣行礼,更遑论"稽颡"跪拜叩首了,并且也绝无可能遣太子、嗣君以来相迎——然而,李清照不得不用她的生花妙笔继续为南宋的求和与韩肖胄的使金"锦上添花",说眼下圣天子高宗赵构正要讲大仁大信,一切无知狂生切不可冒昧请缨,轻易地说要开战北伐云云,从而引惹边事,不利盟好的前景……

这些话与那个写出"至今思项羽,不肯过江东"的李清照决然不同。但我们当然要体谅她彼时的处境,这些"场面话"也不能当作李清照内心真实的政治态度。然而,这类诗歌传播到了外面,如晁公武这样父祖辈或与女真人有血海深仇者,当然会为之愤慨、鄙夷,甚至感到作呕,这是立场之不同所致。明白了这一点,我们对晁公武塑造李清照的凄凉晚景,乃至充满鄙视的情感态度就不难理解了。

但我们仍要为易安居士略做辩解,即便在同一首诗中,由于给韩肖胄的部分固然只能如此,可在下半部分给胡松年的献诗中,李清照便能稍微吐露一些真实的想法了。其诗乃云:

> 胡公清德人所难,谋同德协必志安。脱衣已被汉恩暖,离歌不道易水寒。皇天久阴后土湿,雨势未回风势急。车声辚辚马萧萧,壮士懦夫俱感泣。闾阎嫠妇亦何如,沥血投书干记室。夷虏从来性虎狼,不虞预备庸何伤。……嫠家父祖生齐鲁,位下名高人比数。当时稷下纵谈时,犹记人挥汗成雨。子孙南渡今几年,飘流遂与流人伍。欲将血泪寄山河,去洒东山一抔土。

李清照下笔口吻为之一变,以"嫠妇"自称,而颇抒家国之痛。她提醒副使胡松年,谓女真北虏乃是蛮夷之性,有如虎狼,所谓贪而无信,一定要审慎而戒备。此后是大段连续用典,都指向此一层意味。从这一部分给胡松年的诗中,我们才看到一个相对真实一些的李清照,实则她对宋朝当时的"乞和"愿望、宋金"议和"的可能都并不看好。毕竟倘若南宋小朝廷一败再败,金人又怎么会甘心议和?这时节,虽刘豫僭逆之伪齐,南宋都还没能大张挞伐呢,如何可能与金人直接议和?

献给韩肖胄与胡松年的第二首为七律,诗如下:

> 想见皇华过二京,壶浆夹道万人迎。
> 连昌宫里桃应在,华萼楼前鹊定惊。
> 但说帝心怜赤子,须知天意念苍生。
> 圣君大信明如日,长乱何须在屡盟。

七律的篇幅极有限,于是李清照只能再度"言不由衷",尽写一写"场面话"了。首联谓南宋的使节车队必会受到中原父老箪食壶浆的热烈欢迎,而故都东京城里也定是桃李盛开、鸟雀报喜。想来何止是我们的天子怜爱南北军民百姓呢,必定这上苍也是"天将悔祸",既然圣君(高宗)垂大信于四海八荒,施及女真夷狄,那么与金人若能订立盟约和好,未必会多生变数、滋长动乱——她只能表达这种对韩肖胄与胡松年出使的一片祝愿,总不能说此行定无成功可能。但正如上文所说,这些诗流布于外,如晁公武等人,多半是为之切齿。

到了绍兴四年(1134年),李清照完成了《金石录后序》,这成了我们重建李清照人生轨迹的重要依据之一,前文已屡见。清照在结尾写道:

> 今日忽阅此书,如见故人。因忆侯在东莱静治堂,装卷初就,芸签缥带,束十卷作一帙。每日晚吏散,辄校勘二卷,跋题一卷。此二千卷,有题跋者五百二卷耳。今手泽如新,而墓木已拱,悲夫!
>
> 昔萧绎江陵陷没,不惜国亡,而毁裂书画。杨广江都倾覆,不悲身死,而复取图书。岂人性之所著,死生不能忘之欤。或者天意以余菲薄,不足以享此尤物耶。抑亦死者有知,犹斤斤爱惜,不肯留在人间耶。何得之艰而失之易也。
>
> 呜呼,余自少陆机作赋之二年,至过蘧瑗知非之两岁,三十四年之间,忧患得失,何其多矣!然有有必有无,有聚必有散,乃理之常。人亡弓,人得之,又胡足道!所以区区记其终始者,亦欲为后世好古博雅者之戒云。

其中"今手泽如新,而墓木已拱"颇有后来明人归有光《项脊轩志》所写的"庭有枇杷树,吾妻死之年所手植也,今已亭亭如盖矣"的意味。异曲同工的伤良人之亡,是不难品读出来的。中以梁元帝被俘前感叹"读书万卷,犹有今日"而焚书毁之的典故,以及隋末杨广死后托梦,犹爱图书的传说,尽抒自己数十年种种金石碑刻、古籍图画"得之艰而失之易"的唏嘘悲叹。

能让今人订正《金石录后序》传抄等之误,确定李清照作《金石录后序》时间的,正是这两句,即"余自少陆机作赋之二年,至过蘧瑗知非之两岁"。盖陆机二十而作赋,清照云比之少二年,则为十八岁;《淮南子》谓春秋卫人蘧瑗"年五十,而有四十九年非",则比之蘧瑗知非之年大两岁,即五十有二。此当是虚岁,推算下来,便是绍兴四年(1134年)李清照五十一岁时所作。

到这时候,经历了家国之难、海道奔亡乃至与张汝舟的"百日婚姻"之变、数次藏品的遗失等,李清照终于能有一个相对超然的心态,去看待自己生命中的那些"爱别离""求不得",甚至是"怨憎会"了。

绍兴四年(1134年)三月,执政张浚自蜀还朝,由于此前富平之战的大败,台谏称其跋扈僭越,专权恣肆而大误国事,遂被贬谪到福州居住。没过几个月,危机又一次降临到南宋头上。

七月末的时候,伪齐"皇帝"刘豫派其枢密院长官卢伟卿求见主子——女真皇帝完颜吴乞买,请金军与伪齐共同攻打南宋,侵占两淮吴越之地。左副元帅宗翰并不赞成,但右副元帅宗辅却认可这一请求,于是吴乞买下令调集渤海、汉儿军五万人援助刘豫的伪齐军队南侵,并命左都监金兀术统领前军。到了九月十九日(乙丑),南宋前线大将张俊便已向朝廷透露了金人大举入寇的消息。随后,谍报传来,金军与伪齐先头部队的骑兵已经自泗州方向直扑滁州,步军自楚州而攻承州,一时间举朝震恐。

九月二十六日(壬申),金军与伪齐军队分兵渡淮,楚州知州、和州防御使樊序弃城逃跑;淮东宣抚使韩世忠不得已从承州退保镇江府。高宗不得已,只能拜当时主战的赵鼎为右相兼知枢密院事。

赵鼎拜相后建言起复张浚,称当此危急存亡之秋,观今日朝廷中的执政,无有能出张浚其右的,谪居七个月的张浚就在福州被朝廷起复了。

到了冬十月,高宗赵构诡称要"御驾亲征",可这种宣言只会刺激到临安府的百姓们。李清照正是嗅得先机的人之一,她决心暂离临安,且向亡夫赵明诚妹婿李擢牧守的婺州金华避难,免得金军再打进临安城来。当时李擢正担任婺州知州,这正可证明李清照已被赵氏家族所重新接纳,故乃能前往金华投靠李擢。

李清照在这一段时期的生活,可从此年冬完成的《打马图经》及序中知晓。其序有云:

> 今年冬十月朔,闻淮上警报。江浙之人,自东走西,自南走北,居山林者谋入城市,居城市者谋入山林,旁午络绎,莫不失所。易安居士亦自临安溯流,涉严滩之险,抵金华,卜居陈氏第。乍释舟楫而见轩窗,意颇适然。

南宋在两淮和长江布置的张俊、刘光世等大帅的"家军"形同虚设,赵鼎秉政的都堂命张俊以所部援韩世忠,又命刘光世移军建康,张俊却借口"坠马伤臂",不肯出兵;刘光世则自淮西率部逃遁,更暗中遣人对赵鼎道:"相公自入蜀,何事为他人任患!"(赵鼎本要以执政身份都督川陕荆襄诸军事,故须入蜀。)因此两浙百姓自然只能四散逃跑,谁也不指望当时的这些"王师"能抵御住金人和刘豫的兵马。

李清照离开临安府,溯流经富春江往南,过严滩(今浙江桐庐)时写下了一首《夜发严滩》:

> 巨舰只缘因利往,
> 扁舟亦是为名来。
> 往来有愧先生德,
> 特地通宵过钓台。

夜色里,李清照看着富春江面舟舸如梭,不由想到,这天地之大,诸般人物往来其间,不也好似如此么?衮衮诸公貂蝉簪缨,如彼巨舰循利益而上下浮沉;亦颇有文人雅士自号清流者,不过仿佛那扁舟散发,假逍遥高洁而沽名钓誉……

但是,李清照不免也想到了自己。青莲居士李白曾作诗赞叹严子陵,云:"昭昭严子陵,垂钓沧波间。身将客星隐,心与浮云闲。长揖万乘君,还归富春山。清风洒六合,邈然不可攀。"宋之梅尧臣亦作诗云:"不顾万乘主,不屈千户侯,手澄百金鱼,身被一羊裘。"写诗真心称许过严子陵的人极多,他本名严光或严遵,子陵是其表字,少与刘秀为好友,后来刘秀成了东汉开国皇帝,数度请其入朝,要授以高官厚禄,严子陵一概辞而不受。范仲淹曾写《严先生祠堂记》赞叹:"云山苍苍,江水泱泱。先生之风,山高水长。"据说范仲淹还有一首诗,乃曰:"子为功名隐,我为功名来。羞见先生面,黄昏过钓台。"或许李清照这一首《夜发严滩》正是本于此。

第十五章 风住尘香花已尽

对她来说,无法做到像严子陵那样戏水沧洲,隐于湖滨,内心深处只能像李白一样去敬慕而已。易安居士当然喜爱城市的烟火气息和繁华的文明,她做不到如严子陵一般成为一个隐士,她不得不去曲意迎合亲旧之中朝廷里的显宦贵官们,因为她还需要命妇的身份,需要体面的生活。这些都让此刻经过严滩的清照自愧不如。她怨恨自己尚不得不钻营稻粱之谋,不得不效唐人干谒行卷的献诗之举,可乱世之中,一个孀居的女子又是多么不易呢!

这些事情本并没有什么可耻的,李白、杜甫、高适……无数的诗人词家都做过,向权贵求助是历来文人的谋生之道,否则田宅财货自何而来呢?只是眼下经过严滩,想到严子陵有光武帝刘秀这样的天子朋友而不肯入仕,清照真是不由地感到惭愧。

到婺州金华后,她住在一户陈姓人家家中,应也是金华当地的豪强富户,方有相对独立的宅院可以让李清照暂住。

此年冬十一月,李清照遂在百无聊赖之中,写了《打马图经》并序,甚至还为之作赋,名《打马赋》。什么是"打马"呢?后来颇有人以为可能是叶子牌、麻将一类,实则是一种和"樗蒲"相似的博彩棋类游戏,简直可称其为一千年前的"桌游"。这种游戏在北宋时既已流行,还分不同流派规则的玩法,如"关西马""宣和马""依经马",可见风靡之程度了。所谓关西马者,则一将十马;无将二十马者,则是依经马,后者正是清照之最爱。这种打马游戏,棋子就是名马图像绘制所成,棋盘犹如天下地图,分九十一路之多,玩家通过掷骰子让自己的棋子(马)在棋盘(地图)上行进,同时还能按规则把其他玩家的马"打"下去,可能"打马"之名就来自此。先到棋盘上标有"玉门关"地名的玩家,就是胜者。另外还有许多地名,有趣者如"函谷关""飞龙院"等。

按照李清照之叙述,"打马,特为闺房雅戏",是以这种游戏在当时似乎是中上层女子所爱好者。

值得注意的是,李清照在《打马赋》中的一些表述,其有云:

> 平生不负,遂成剑阁之师;别墅未输,已破淮淝之贼。今日岂无元子,明时不乏安石。又何必陶长沙博局之投,正当师袁彦道布帽之掷也。
>
> 辞曰:佛狸定见卯年死,贵贱纷纷尚流徙,满眼骅骝杂骆駓,时危安得真致此?木兰横戈好女子,老矣谁能志千里,但愿相将过淮水。

在非常正式的《上枢密韩公、工部尚书胡公》中,我们实则很难看到一个相对真实的李清照,相反在这样完全写就于私下的"游戏之作"里,才有可能更多地见到李清照的一些真实的心声。

她借摹写打马游戏,最后却在结尾两段把笔触落在了桓温、谢安乃至北魏的太武帝拓跋焘、传说中的花木兰身上,所表达的旨趣也是极其明确的,即"但愿相将过淮水"。

"剑阁之师"谓当年桓温伐蜀,朝中几乎一片反对之声,不看好桓温能攻克久在四川的"成汉"政权(与东晋相对的五胡十六国之一),然而,桓温终于成就灭成汉的大业。"淮淝之贼"谓谢安运筹帷幄之中,决胜淝水之畔,使得前秦苻坚六十万灭晋之师溃不成军、铩羽而归,甚至留下了"小儿辈遂已破贼"的潇洒典故,使得后来无数诗人称颂不已。

是以李清照要质问,难道今天的宋朝,就一定没有桓温(字元子)和谢安(字安石)这样的将相了吗?她甚至要再借打马樗蒲这类的博戏为喻,谓何必如陶侃那般悲观,何不学晋人袁耽(字彦道),一局百万钱又如何,且脱帽来个孤注一掷!这难道不是指向当时旨在求和苟安的南宋朝廷吗?李清照认为,天下之大,譬如百万钱之赌局,何必畏畏缩缩,大丈夫当有孤注一掷、勇往直前的决心!这才是那个我们熟悉的,写出"至今思项羽,不肯过江东"的易安居士。

想当年,不可一世的北魏太武帝拓跋焘(小字佛狸)也曾南侵刘宋(刘裕所建立的南朝宋,取东晋而代之,故称刘宋),饮马长江、气吞江东,然而终究是死于宦官之手,是以民谣有云"虏马饮江水,佛狸死卯年"。这是李清照以拓跋焘指代金人,此年[绍兴四年(1134年)]不正是金军和伪齐一同再次南侵宋朝吗?她在心中认为女真虽鸱枭群翔一时,终究有灭亡之日,朝廷不可偏安屈服,只图一时之苟且!

于是,她落笔在"贵贱纷纷尚流徙,满眼骅骝杂驽骀",这宋室南渡,多少衣冠簪缨、搢绅朱紫,皆如打马中的那些名驹一样,难道皆一无所为吗?她一时间恨不得化作笔下的"木兰",女扮男装也去从戎疆场,倒要看看这些男儿如何这般畏首畏尾,全不成气候!因此,她写道"木兰横戈好女子,老矣谁能志千里",她忍不住要问一声,最后有没有人和她一个女子能志同道合,从而"相将过淮水"!所谓"相将"可作"相与、相共"的意思,"将"犹"随",即"相随";亦或许可作宰相、将军之理解,因当时赵鼎为相,张浚再除枢府执政,就要去前线督军,时人多以张浚为唯一能扛起主战旗帜的宰执大臣。总而言之,李清照所云的"过淮水",当然指的就是期盼宋朝北伐伪齐、金人,收复中原失地,将大好河山重新夺回!这种以木兰自比的沉痛呐喊,颇有后来陆游"老子犹堪绝大漠,诸君何至泣新亭"的悲愤。盖我清照一女子尚愿征战,朝廷何故正欲屈膝乞和?却作何道理!

李清照在婺州金华北望着南北间战争的局势,十二月,张浚至江上督军,召集韩世忠、张俊、刘光世等方面大帅措置军事,自此,虽张俊、刘光世亦稍知朝廷节制。此时,金军虽然攻城略地,但时值寒冬,雨雪交加,粮道不通,因于补给之苦的金兀术(完颜宗弼)十分忧愁。加上张浚到镇江府总领前线军事,其麾下也不再是富平之战时刘锡这样的酒囊饭袋,急于决战的金人遂去信向张浚约战,但张浚持重坚守,并不理睬。二十六日(庚子),金军主动撤退。

　　开春便是绍兴五年(1135年)了,二月间赵鼎晋左相,张浚拜右相,正式形成了赵鼎在内主政,张浚在外督军的政治格局。

　　应就是在暮春三月,李清照在金华填词《武陵春》一首:

　　风住尘香花已尽,日晚倦梳头。物是人非事事休,欲语泪先流。
　　闻说双溪春尚好,也拟泛轻舟。只恐双溪舴艋舟,载不动许多愁。

　　这位花中君再次伤春惜花,亦借此伤己身之迟暮。一句"风住尘香花已尽"真是饱含了数十年来多少的曲折、辛酸和悲欢离合——自然也曾有欢快酣畅的光景时辰,然而春风有时尽,但见花辞树,问人世间,不知几多美人迟暮、英雄白头?便是自己,亦是两鬓斑白,李清照竟疲惫得不愿梳头了。千言万语梗阻在对往事的追忆前,只感到"物是人非事事休",罢了罢了,还说什么呢?早已是清泪潸然。

　　大约金华城中也有和她一起避难的官宦人家妇人,想约李清照一同往城南的双溪泛舟游玩,好散散心思,也观赏观赏即将谢幕的春景。

但清照却意兴阑珊,她写出一句极其著名的词来,"只恐双溪舴艋舟,载不动许多愁"!前辈词家贺铸有《南柯子·别恨》,其云:"斗酒才供泪,扁舟只载愁。画桥青柳小朱楼。犹记出城车马、为迟留。有恨花空委,无情水自流。河阳新鬓尽禁秋。萧散楚云巫雨、此生休。"这与李清照此词的哀愁是颇为近似的,所不同的是,贺铸说"扁舟只载愁",而李清照反用其意,谓"载不动许多愁",用词之妙,更胜前者。

这一时期,李清照当还作诗《题八咏楼》:

> 千古风流八咏楼,
> 江山留与后人愁。
> 水通南国三千里,
> 气压江城十四州。

八咏楼是婺州金华之名胜,盖当地有双溪楼、八咏楼和极目亭三大景观胜处,人以为可"尽见群山之秀"。李清照应是登八咏楼览风物而有感,遂作此诗。她想到赵宋天下一百七十余年,江山如此秀丽壮美,然而王室不振,夷狄汹汹,岂非令人惆怅?想这两浙一十四州,山河纵横三千里,也不知南宋小朝廷能不能守御得住,把宋室江山的国祚延续下去呢?

恐怕有此疑问者,绝非李清照一人也。

此年初夏四月,那位道君皇帝赵佶死在了金国极北之地"五国城",是为宋徽宗,当时的南宋朝廷还并不知道这一事情。

仲夏五月天,朝廷诏令从婺州李清照处"取索故直龙图阁赵明诚家藏《哲宗皇帝实录》缴进"。该实录是编修国史的重要依据,这也可说明李清照虽然屡遭藏品的遗失，但一些特别重要的物品，她很可能随身携带，仍然保有，并非如《金石录后序》所讲得那样凄凉。

此后数年，关于李清照的材料便可谓极少了，甚至不很清楚她在婺州待到几时，但至晚在绍兴九年（1139年），她应该已回到临安府，这一年李清照五十六岁矣。

绍兴五年（1135年）之后的南北局势又可说风云变幻。右相张浚一度成功于淮上，都督诸路军马，意气风发，正要择日北伐，可突然在绍兴七年（1137年）就发生了震惊中外的"淮西兵变"，刘光世所部四万整编军团叛变投敌，这不仅导致张浚下台，他的对金强硬路线也彻底破产了。秦桧在这背景下二次拜相，最终战胜了左相赵鼎的自守路线，令天子赵构选择了与金人议和的"国是"方向。由于此时金国内部正由挞懒（完颜昌）当权，昔日秦桧羁留北方时，正是在挞懒身边任用，且深得其赏识，宋金之间的和议终于有了实现的基础。绍兴七年（1137年）十一月，金国废黜伪齐与刘豫，至绍兴九年（1139年）正月，宋金第一次和议达成。原伪齐所占领的河南等地以及陕西皆归还宋朝，但代价是宋须如伪齐一般对金称臣纳贡。

高宗赵构偏安苟且的念头终于一时得逞，他下令大赦天下，临安府变成了一片元宵"欢乐"的海洋。

当此际，李清照却觉得郁郁寡欢，她冷眼看着火树银花的行都热闹狂欢，写下一首《永遇乐·元宵》：

> 落日熔金，暮云合璧，人在何处。染柳烟浓，吹梅笛怨，春意知几许。元宵佳节，融和天气，次第岂无风雨。来相召、香车宝马，谢他酒朋诗侣。

第十五章 风住尘香花已尽

> 中州盛日,闺门多暇,记得偏重三五。铺翠冠儿,撚金雪柳,簇带争济楚。如今憔悴,风鬟霜鬓,怕见夜间出去。不如向、帘儿底下,听人笑语。

一句"次第岂无风雨"竟见出李清照高于当时一味求和之人的见识来。由于宋金实现了议和"盟好",临安官府内外都洋溢着统治者们的醉生梦死之态。可房人的不可信任,赵鼎等大臣早已在和议前反复申言,终于是被秦桧使尽阴谋诡计,将赵鼎一派统统贬黜了出去。李清照的身份决定了她不可能没有听到一片议和声中的"不和谐"之声,她也疑心这北房的"慷慨"会不会只是暂时的假象,恐怕转眼间要变生不测!

眼下,行都的辇毂之下是人们的香车宝马,众人在酒楼里痛饮佳酿,可谁还记得,靖康之难前,东京城正月十五的佳节,何等的热闹、欢快!官宦富贵人家的女子,多是盛装打扮,簪花饰玉,在那些豪华的正店里争一个济楚雅间,风流何能轻忘!而今如何?清照不禁黯然神伤,她只觉着在同样不夜的城市里,不如且默坐轩窗之下,听那帘外,他人的欢声笑语!原来风光也罢,快活也好,到此时此刻,都已是属于他人的了。李清照正处于迟暮的孤寂之中。

真是"此情此恨此际,拟托行云,问东君"了!

年华如日落月升,无常之中见常,一年年光阴偷换,将人借老。李清照在临安见证了绍兴十年(1140年)金兀术(完颜宗弼)政变除去挞懒之后的毁约南侵,宋金战火再起,她也看到了岳飞成为一代战神,于郾城、颖昌大破金兀术的重甲骑兵,可随后就是绍兴十一年(1141年)三大将罢兵权,岳飞遇害于大理寺,到绍兴十二年(1142年),宋金第二次和议达成,史称绍兴和议,赵构再次称臣,秦桧晋升太师。

绍兴和议的第二年,即绍兴十三年(1143年)的立春时节,有旨令学士院再进帖子词为贺。这是因为一来南北和议已成,二来皇太后韦氏回銮,岂不是普天同庆？李清照作为命妇,自是亦作春帖子奏进。这一年,易安居士已六十而耳顺。这种进帖子词是有赏赐的,李清照之所为,在当时亦无可厚非。

至端午,李清照再进"皇帝阁端午帖子",乃云：

> 日月尧天大,璇玑舜历长。侧闻行殿帐,多集上书囊。

帖子词中比高宗赵构为尧、舜这样的上古贤君,当然也是场面上的"吉祥话"了,只是据说,宰相秦桧之兄秦梓时为内翰,颇厌恶李清照,乃从中作梗,只令李清照得金帛之赐而已。不过,今人曾有以据此推测秦桧对李清照之好恶,窃以为是过于牵强了,秦梓岂能代表秦桧？何况,在独相秦桧的脑中,自是不会去在意李清照这样的小事,其妻王氏平日若要照顾清照一二,秦桧也是断然不会去干涉的。

秦梓恶李清照之事,出于宋末元初人周密的文人笔记《浩然斋雅谈》：

> 李易安绍兴癸亥在行都,有亲联为内命妇者,因端午进帖子,《皇帝阁》曰："日月尧天大,璇玑舜历长。侧闻行殿帐,多集上书囊。"《皇后阁》云："意帖初宜夏,金驹已过蚕。至尊千万寿,行见百斯男。"《夫人阁》云："三宫催解粽,妆罢未天明。便面天题字,

第十五章　风住尘香花已尽　229

歌头御赐名。"时秦楚材在翰苑,恶之,止赐金帛而罢,意帖用上官昭容事。

按即便在周密的"道听途说"里,也说得十分清楚,秦梓厌恶李清照的缘故并非其"主战""爱国"这些过去清照传记一贯的老生常谈,而是易安居士在帖子词中用了"意帖"一词。写者或许无心,观者却心虚而有意。当时这些帖子词一般须汇总到学士院,秦梓作为翰林学士当然会过目,他便疑心"意帖"是李清照以唐代武则天时候的"内相"上官婉儿来讥讽自己,因为上官婉儿彼时平章宫内宴集时群臣之风月诗赋,"第其甲乙"而分高下,秦梓便觉着李清照以妇人比他秦内翰,故而"恶之"。这里面见不到任何政治态度的问题,我们如果据此更进一步由秦梓去推测秦桧对李清照的态度,是没有足够依据的。假如秦桧真的极端厌恶李清照,以其权势,废清照命妇身份,又有何难?但秦桧不会做此等小事,其妻子王氏作为清照之表妹,也不会同意。只是我们不应用后人对历史人物的忠奸善恶之情感判断,去臆测清照在当时的处境。

大约正是在此年中,李清照奏上亡夫赵明诚的《金石录》,这便是二人留给世间的一份宝贵文化财产。

绍兴十七年(1147年),李清照六十四岁。最后一首基本能确定编年的词作应正是写于此时,即著名的《声声慢》:

寻寻觅觅,冷冷清清,凄凄惨惨戚戚。乍暖还寒时候,最难将息。三杯两盏淡酒,怎敌他、晚来风急!雁过也,正伤心,却是旧时相识。

满地黄花堆积,憔悴损,如今有谁堪摘？守着窗儿,独自怎生得黑！梧桐更兼细雨,到黄昏、点点滴滴。这次第,怎一个愁字了得！

开篇十四个叠字历来为古今文学批评所赞不绝口。宋人张端义以为,此仿佛唐时公孙大娘舞剑之绝技,回环往复而令人目不暇接。明朝杨慎则以为,"宋人中填词,李易安亦称冠绝。使在衣冠,当与秦七、黄九争雄,不独雄于闺阁也"。

通篇几乎以口语入词,如"乍暖还寒时候""三杯两盏淡酒""晚来风急""守着窗儿"等,都是宋人生活中常见之语,然而却偏偏读来不落俗套,有别出机杼之妙,所谓用浅俗之语发清新之思。而黄花憔悴,正是李清照诗词中屡见的借花自拟,故紧接着便是说孤寂难捱,梧桐细雨里直到薄暮黄昏,愁情溢满纸上,令人再想到了开头的七对叠字。

且从填词的用字押韵问题上讲,所用的上声、入声字实为险难,而李清照皆一气呵成,全无生硬为之的感觉。盖此时的易安居士,诗词已大成,到随心所欲的境界了。如"独自怎生得黑"之"黑"字,张端义有以为"不许第二人押",后来到辛弃疾方有《贺新郎》"马上琵琶关塞黑"之句。

此后在绍兴十九年(1149年)到绍兴二十一年(1151年)之间,李清照应曾带着米芾的二帖真迹去拜访米芾之子米友仁,当时米友仁正以敷文阁直学士提举宫观,闲居在临安。按米友仁之说,其父米芾真迹,虽数字可比黄金千两,这更证明李清照还保有赵明诚身前的一些最珍贵之藏品。这一时期,李清照已接近七十。

又据陆游《渭南文集》卷三十五《夫人孙氏墓志铭》：

> 夫人孙氏，会稽山阴人。……夫人幼有淑质，故赵建康明诚之配李氏，以文辞名家，欲以其学传夫人，时夫人始十余岁，谢不可，曰："才藻非女子事也。"宣义奇之，乃手书古列女事数十授夫人。

在这则记载中，李清照曾在晚年遇到了一个同样有才气的少女孙氏，她高兴之余，想收其为门生，传以诗词之学，可没承想，才十余岁的孙氏却谢绝了。豆蔻年华的少女声称，女子不该致力于文华才藻。李清照想必是失望的，然而当时孙氏的父亲孙综（以宣义郎致仕，故曰宣义）却觉得女儿很了不起，于是亲笔写了古代数十则烈女故事给女儿阅读学习。

假如当时李清照还看到了此幕，恐怕只会在心里嗤之以鼻吧！相比于自己父亲李格非的开明，自古以来不知多少有才情的女性，被这种"女子无才便是德"的荒谬名教祸害甚深，甚至不能自拔，奉为人生的圭臬。

也或许易安居士留下了一声叹息，她可能已经预感到，自己将不久于人世，可满腹才学终是无人可付了。

关于李清照去世的年月，确实是史无明文。但从上文的记载看，这位孙氏夫人既然卒于光宗朝绍熙四年（1193年），且享年五十有四，则倒推计算，其十余岁时应至晚也在绍兴二十一年（1151年）或此后，即李清照七十岁左右时。

今人或谓可能卒于绍兴二十六年（1156年），即享年七十三岁，姑可作参考。

回顾易安居士的一生，我们可以说，其悲欢几多、才情几多、经历几多。然而,对于拥有无限魅力的李清照,仍有许多谜团是我们这些后人没有解开、不能确知的,更因为史料的空白,一些关于李清照之问题,可能永远都是谜题了。

正所谓:

彩云易散月长亏。
犹将歌扇向人遮。

风住尘香花已尽,日晚倦梳头。
物是人非事事休,欲语泪先流。
——《武陵春》

李清照大事编年

北宋元丰七年(1084年) 李清照出生,父为文官李格非,母为宰相王珪长女王氏。

北宋元丰八年(1085年) 两岁。外祖父王珪卒,父李格非任郓州教授。神宗驾崩,变法结束,哲宗皇帝即位,高太皇太后垂帘,从实质上开始"元祐更化"。

北宋元祐六年(1091年) 八岁。父李格非由太学博士迁"秘书省校对黄本书籍",续娶王拱辰孙女。

北宋绍圣元年(1094年) 十一岁。哲宗亲政,"绍圣绍述"开始,继续变法。父李格非通判广信军。此后李格非仕途较顺。

北宋元符元年—元符三年(1098—1100年) 十五岁—十七岁。李清照可能在此时期已经开始写诗和填词。三年正月,哲宗驾崩,徽宗即位。

北宋建中靖国元年(1101年) 十八岁。李清照嫁给高级文臣赵挺之第三子赵明诚。

北宋崇宁元年(1102年) 十九岁。赵挺之成为副宰相,蔡京入相,李格非罢京东提刑,入"元祐党籍"。李清照以诗作上赵挺之救父不果。李格非远贬广西象州。

北宋崇宁二年(1103年)　二十岁。赵明诚可能于此年春进士登科。

北宋崇宁三年(1104年)　二十一岁。已故外祖父王珪入"元祐奸党籍"。赵明诚入仕为官。

北宋崇宁四年(1105年)　二十二岁。赵挺之拜右相。李清照再次为父亲李格非向赵挺之求救。夏六月,赵挺之罢相。冬十月,赵明诚任鸿胪少卿。

北宋崇宁五年(1106年)　二十三岁。叙复元祐党人,蔡京罢相,赵挺之再入相。

北宋大观元年(1107年)　二十四岁。蔡京再入相,春三月赵挺之罢相,是年卒。七月,已故右相赵挺之追夺赠官。李清照、赵明诚离京,返回青州居住。此年,李清照当有《南歌子·天上星河转》《多丽·小楼寒》以记其事。

北宋大观二年(1108年)　二十五岁。徽宗大赦天下。春,李清照可能与北归的父亲李格非会于齐州,又往游溪亭,有《如梦令·常记溪亭日暮》词。是年秋八月有《新荷叶·薄露初零》为晁补之祝寿,不详是否赴寿宴现场。九月,赵明诚出游,《醉花阴·薄雾浓雾愁永昼》或作于此时。

北宋大观三年(1109年)　二十六岁。蔡京罢相。大致自去年起,李清照、赵明诚于青州老宅开始了"赌书消得泼茶香"的生活。

北宋政和元年(1111年)　二十八岁。夏五月,赵明诚母郭氏奏请恢复故相赵挺之赠官,除责降指挥。秋九月,李清照与赵明诚可能共同出游,并题名于云巢石上。

北宋政和三年(1113年)　三十岁。王安石追封舒王。赵明诚频繁出游。李清照大致在此年创作《词论》。

北宋政和五年（1115年） 三十二岁。春，女真完颜阿骨打称帝，金国建立。李清照、赵明诚之归来堂的收藏应已成规模。

北宋政和六年（1116年） 三十三岁。李清照、赵明诚在归来堂共同赏玩欧阳修的《集古录跋尾》。

北宋政和七年（1117年） 三十四岁。汇集李清照、赵明诚二人多年心血的《金石录》初成，赵明诚有自序。

北宋宣和二年（1120年） 三十七岁。宋金"海上之盟"，约定南北夹攻辽国。爆发方腊起义。

北宋宣和三年（1121年） 三十八岁。赵明诚起复，任莱州知州。李清照可能在此后写下《凤凰台上忆吹箫·香冷金猊》《蝶恋花·昌乐馆寄姊妹》。这是研究赵明诚"天台之遇"的重要文本。是年秋，李清照赴莱州，作《感怀》。

北宋宣和四年（1122年） 三十九岁。宋朝童贯率军出征，屡遭辽军痛击。李清照与赵明诚夫妻关系似大为缓和，作游仙诗《晓梦》。

北宋宣和五年（1123年） 四十岁。宋朝向金国"赎买"回燕云之地。

北宋宣和六年（1124年） 四十一岁。赵明诚调任淄州知州，李清照同行，随赵明诚赴任。

北宋宣和七年（1125年） 四十二岁。秋九月，辽末代皇帝遭金国生擒，辽国灭亡。冬十月，赵明诚妹婿傅察因任"接伴金贺正旦使"，不肯奴颜女真，遂遭杀害。十二月，金军南下寇宋，燕山郭药师叛。徽宗禅让，钦宗继位。是年，赵明诚被授予直秘阁贴职。

北宋靖康元年（1126年） 四十三岁。赵明诚与李清照共赏白居易所书《楞严经》。太上皇徽宗南下避难。钦宗决意割让中山、河间、太原三镇,金军于二月撤退。春三月,钦宗反悔割地,又下诏不许割让。宋金战火再起,闰十一月冬,金军再围东京汴梁。冬闰十一月二十五,大宋首都东京被攻陷,赵明诚姨兄谢克家出使金军大营请降。康王赵构在相州开大元帅府。

北宋靖康二年[南宋建炎元年(1127年)]　　四十四岁。春二月,钦宗赴金军大营,旋遭扣留,北宋灭亡。金国立北宋宰相张邦昌为伪楚皇帝,徽宗也遭俘虏,随金军北归。三月,赵明诚赴江宁,奔母亲郭氏之丧。夏四月,钦宗及皇后和其他宗室成员等并遭金军掳归。五月,康王赵构在南京应天府称帝,即宋高宗,改元建炎。秋七月,任命赵明诚担任江南东路经制副使兼江宁知府。李清照自青州以十五辆大车随行,前往江宁与丈夫会合。是年冬十二月,青州兵变,老宅中剩余财物被洗劫一空。

南宋建炎二年(1128年)　　四十五岁。春正月,乱兵陷镇江府,途经镇江的李清照大约在此时经历了又一次财物的大量丢失。春,李清照抵达江宁,作《蝶恋花·上巳召亲族》。赵明诚跋蔡襄《赵氏神妙帖》。是年,李清照有诗句"南渡衣冠欠王导,北来消息少刘琨"。送别弟弟李远之赴行在,作《青玉案·征鞍不见邯郸路》。是年冬,李清照时踏雪出游。

南宋建炎三年(1129年)　　四十六岁。春二月初五,御营统制官王亦发动兵变,赵明诚不听江东转运副使李谟保境安民的劝告,率领僚属弃城夜逃。李清照似乎被留在城中。乱兵因李谟处置得当,夜半叛乱不久之后即离去。春三月,赵明诚调任湖州知州的除命被追回,因弃城而逃遭罢官。赵明诚与李清照自水路准备往江西卜居,途经乌江,李清照作《项羽》,似讥讽丈夫赵明诚。夏五月,赵明诚再受朝旨,除知湖州。六月,赵明诚独赴行在建康(即江宁府)。秋七月,赵明诚已病,李清照赴建康。八月十八日,赵明诚病卒。李清照葬夫,并写祭文,此后大病,可能是被赵明诚传染的"疟疾"。闰八月,高宗皇帝身边的宠臣御医王继先到访,欲"强购"赵明诚、李清照之金石古籍等藏品,未果。李清照决定去依附弟弟李迒,时李迒任朝廷敕局删定官,因此要追随已经逃亡的高宗"行朝"。是年冬,李清照离开建康。

南宋建炎四年(1130年) 四十七岁。春,李清照一路追随行朝,《渔家傲·天接云涛连晓雾》或作于入海之时。夏四月,随高宗驻跸而暂居越州。秋七月,金人立刘豫为中原伪齐皇帝。是年,或作《咏史》讥讽刘豫。冬十月,李清照表妹夫秦桧自金国南归。十一月,朝廷放散百官,李清照往衢州。

南宋绍兴元年(1131年) 四十八岁。春二月,秦桧参知政事。三月,李清照由衢州返回越州,文物再遭盗窃。秋八月,秦桧拜右相兼知枢密院事。

南宋绍兴二年(1132年) 四十九岁。春正月,高宗移跸临安(即杭州),李清照自越州赴临安。暮春或初夏,大病,夏四五月间再嫁张汝舟。秋八月,秦桧罢相。九月,李清照状告夫张汝舟举数造假,张汝舟追毁出身以来文字,编管柳州,李清照与张汝舟婚姻结束。

南宋绍兴三年(1133年) 五十岁。李清照有诗《上枢密韩公、工部尚书胡公》。

南宋绍兴四年(1134年) 五十一岁。李清照作《金石录后序》。是年冬,因金军与伪齐联军大举入侵,李清照往李擢(亡夫赵明诚妹婿)

任知州的婺州金华避难,作《夜发严滩》。十一月,李清照在婺州金华作《打马图经》并《序》、《打马赋》、《打马图经命辞》。

南宋绍兴五年(1135年) 五十二岁。是年,李清照作《武陵春》《题八咏楼》。宋徽宗在金国驾崩。

南宋绍兴八年(1138年) 五十五岁。秦桧再入相,谋议和。

南宋绍兴九年(1139年) 五十六岁。春正月宋金第一次和议成。是年,李清照作《永遇乐·落日熔金》。

南宋绍兴十年(1140年) 五十七岁。金国完颜宗弼掌权,撕毁合约,战火再起。

南宋绍兴十一年(1141年) 五十八岁。三大将收兵权。是年,宋金第二次和议成,岳飞遇害。

南宋绍兴十三年(1143年) 六十岁。李清照作颂圣帖子词。是年,李清照上《金石录》于朝廷。

南宋绍兴十六年(1146年) 六十三岁。是年,曾慥的《乐府雅词》撰写完成,收录李清照词二十二首。

南宋绍兴十七年(1147年) 六十四岁。是年,《声声慢·寻寻觅觅》可能作于此时。

南宋绍兴二十六年(1156年) 七十三岁?李清照或卒于是年,今不能确定。

参考文献

一、古籍

1. ［元］脱脱：《宋史》,中华书局1985年版。
2. ［元］脱脱：《金史》,中华书局2016年版。
3. ［宋］李心传：《建炎以来朝野杂记》,中华书局2016年版。
4. ［宋］刘时举：《续宋编年资治通鉴》,中华书局2014年版。
5. ［宋］李心传：《建炎以来系年要录》,上海古籍出版社2018年版。
6. ［宋］徐自明：《宋宰辅编年录校补》,中华书局1986年版。
7. ［宋］洪迈：《夷坚志》,中华书局1981年版。
8. ［宋］佚名：《宋大诏令集》,中华书局1962年版。
9. ［宋］潜说友：《咸淳临安志》,浙江古籍出版社2012年版。
10. ［宋］佚名：《中兴两朝编年纲目》,燕永成点校,凤凰出版社2018年版。
11. ［宋］佚名：《皇宋中兴两朝圣政辑校》,孔学辑校,中华书局2019年版。
12. ［宋］杨仲良：《皇宋通鉴长编纪事本末》,黑龙江人民出版社

2006年版。

13. ［宋］洪迈:《容斋随笔》,上海古籍出版社2015年版。
14. ［宋］周密:《齐东野语》,上海古籍出版社2012年版。
15. ［宋］陈鹄:《耆旧续闻》,文渊阁《四库全书》本。
16. ［宋］刘克庄:《后村诗话》,文渊阁《四库全书》本。
17. ［宋］熊克:《宋朝中兴纪事本末》,凤凰出版社2022年版。
18. ［宋］陈振孙:《直斋书录解题》,文渊阁《四库全书》本。
19. ［宋］司马光:《资治通鉴》,中华书局2011年版。
20. ［宋］李焘:《续资治通鉴长编》,中华书局2004年版。
21. ［宋］黄以周等:《续资治通鉴长编拾补》,中华书局2004年版。
22. ［宋］赵明诚:《金石录校证》,中华书局2019年版。
23. ［宋］岳珂:《宝真斋法书赞》,文渊阁《四库全书》本。
24. ［宋］庄绰:《鸡肋编》,中华书局1983年版。
25. ［宋］周煇:《清波杂志》,中华书局1997年版。
26. ［宋］释道元:《景德传灯录》,中华书局2022年版。
27. ［宋］祝穆:《方舆胜览》,中华书局2016年版。
28. ［宋］陆游:《老学庵笔记》,中华书局2019年版。
29. ［宋］窦仪等:《宋刑统校证》,北京大学出版社2015年版。
30. ［宋］徐梦莘:《三朝北盟会编》,上海古籍出版社2008年版。
31. ［宋］晁公武:《郡斋读书志校证》,上海古籍出版社2011年版。
32. ［宋］胡仔:《苕溪渔隐丛话》,人民文学出版社1962年版。
33. ［宋］王灼:《碧鸡漫志校正》,人民文学出版社2015年版。
34. ［宋］周密:《浩然斋雅谈》,中华书局2010年版。
35. ［战国］左丘明:《左传》,上海古籍出版社2015年版。

36. [南北朝]顾野王:《舆地志辑注》,上海古籍出版社2011年版。
37. [南北朝]刘义庆:《世说新语》,上海古籍出版社2013年版。
38. [元]伊士珍:《琅嬛记》,文渊阁《四库全书》本。
39. [明]彭大翼:《山堂肆考》,上海古籍出版社1992年版。
40. [清]徐松:《宋会要辑稿》,上海古籍出版社2014年版。
41. [清]张照等:《秘殿珠林》,文渊阁《四库全书》本。

二、论著期刊

1. 徐培均:《李清照集笺注》,上海古籍出版社2018年版。
2. 王仲闻:《李清照集校注》,人民文学出版社2019年版。
3. [美]艾朗诺:《才女之累:李清照及其接受史》,上海古籍出版社2017年版。
4. 褚斌杰等:《李清照资料汇编》,中华书局2005年版。
5. 邓小南:《宋代文官选任制度诸层面》,中华书局2021年版。
6. 龚延明:《宋代官制辞典》,中华书局2017年版。
7. 曾枣庄、刘琳:《全宋文》,上海辞书出版社2006年版。
8. 张希清:《中国科举制度通史·宋代卷》,上海人民出版社2017年版。
9. 周勋初:《宋人轶事汇编》,上海古籍出版社2015年版。
10. 《宋元笔记小说大观》,上海古籍出版社2011年版。
11. 程民生:《宋代物价研究》,人民出版社2008年版。
12. 王恒柱:《李清照研究资料汇编》,山东文艺出版社2006年版。
13. 陶然:《李清照南渡后行迹及戚友关系新探》,《文学遗产》2009年第 3 期。

14. 霍无忌:《赵挺之与宋徽宗朝前期的政局演变》,《宋史研究论丛》第 28 辑。

15. 张映光:《论李清照咏花词中的自我形象》,《东南大学学报(哲学社会科学版)》2009 年第 5 期。

16. 钱建状:《李清照〈金石录后序〉释疑》,《文学遗产》2015 年第 6 期。

17. 周桂峰:《李清照师事晁补之论》,《南阳师范学院学报》2003 年第 7 期。

18. 马里扬:《李清照南渡事迹考辨》,《文学遗产》2014 年第 2 期。

19. 顾之京:《李清照文学史地位的再认识》,《河北大学学报(哲学社会科学版)》1994 年第 1 期。

20. 张忠纲:《李清照的女性意识》,《文史哲》2001 年第 5 期。

21. 诸葛忆兵:《李清照再嫁与离异风波平议》,《铜仁学院学报》2011 年第 3 期。

22. 钱建状:《"两个张汝舟"——李清照改嫁问题补正》,《中国文学研究(辑刊)》2022 年第 1 期。

图书在版编目(CIP)数据

李清照的诗词人生 / 王晨著. -- 上海 : 上海社会科学院出版社, 2025. -- ISBN 978-7-5520-4712-7

Ⅰ. K825.6; I207.23

中国国家版本馆 CIP 数据核字第 20255MP867 号

李清照的诗词人生

著　　者：	王　晨
责任编辑：	张钦瑜　张　晶
封面设计：	璞茜设计
出版发行：	上海社会科学院出版社
	上海顺昌路 622 号　邮编 200025
	电话总机 021 - 63315947　销售热线 021 - 53063735
	https://cbs.sass.org.cn　E-mail：sassp@sassp.cn
排　　版：	南京展望文化发展有限公司
印　　刷：	上海华业装璜印刷厂
开　　本：	890 毫米×1240 毫米　1/32
印　　张：	7.875
插　　页：	1
字　　数：	180 千
版　　次：	2025 年 5 月第 1 版　2025 年 5 月第 1 次印刷

ISBN 978 - 7 - 5520 - 4712 - 7/K・482　　　　定价：58.00 元

版权所有　翻印必究